JOGOS PARA ATIVAR
O CÉREBRO

COM
PALAVRAS
& NÚMEROS
(principalmente)

COMO APRIMORAR O CÉREBRO EM 3 MESES: 176 Dicas de Desempenho e Quebra-cabeças Divertidos para Aperfeiçoar as Habilidades de Memória, Matemática e Linguagem

JOGOS PARA ATIVAR O CÉREBRO

COM PALAVRAS & NÚMEROS
(principalmente)

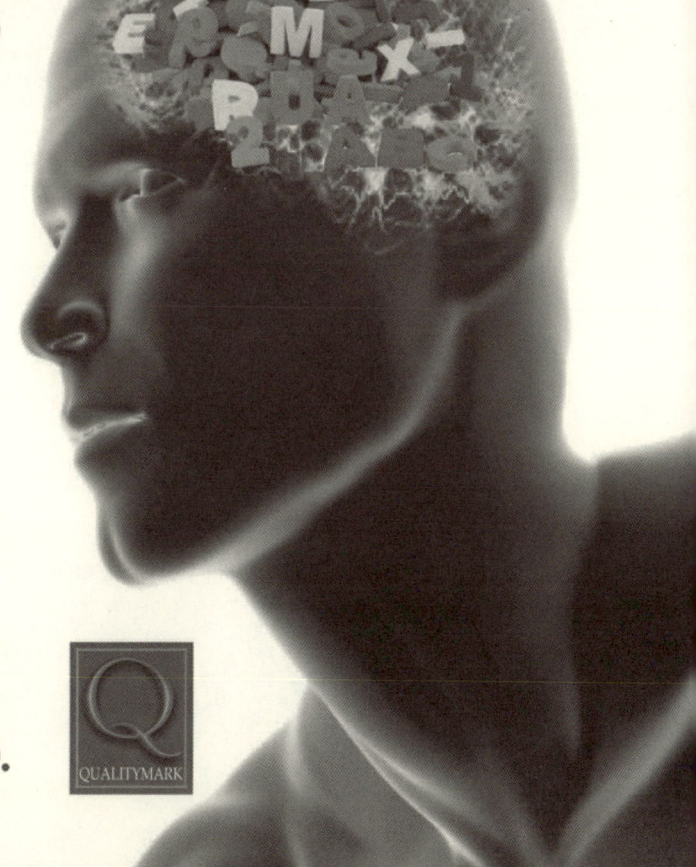

Allen D. Bragdon
&
David Gamon, Ph. D.

QUALITYMARK

Copyright © 2012 by Allen D. Bragdon e David Gamon

Todos os direitos em língua portuguesa reservados à Qualitymark Editora Ltda.
É proibida a duplicação ou reprodução deste volume, ou parte do mesmo, sob qualquer meio, sem autorização expressa da Editora.

Direção Editorial SAIDUL RAHMAN MAHOMED editor@qualitymark.com.br	Produção Editorial EQUIPE QUALITYMARK
Capa EQUIPE QUALITYMARK	Editoração Eletrônica APED - Apoio e Produção Ltda.

CIP-Brasil. Catalogação-na-fonte
Sindicato Nacional dos Editores de Livros, RJ

B797j

Bragdon, Allen D.
  Jogos para ativar o cérebro : com palavras e números / por Allen D. Bragdon e David Gamon ; tradutora Savannah Hartman. - Rio de Janeiro : Qualitymark Editora, 2012.
  224p. : 23 cm

  Tradução de: Brain building games : with words & numbers

  ISBN 978-85-414-0025-1

  1. Cérebro. 2. Memória. 3. Cognição. 4. Jogos. 5. Sucesso. I. Gamon, David. II. Título.

12-4205.   CDD: 612.82
                                                            CDU: 612.82

20.06.12   03.07.12   036590

2012
IMPRESSO NO BRASIL

Qualitymark Editora Ltda.
Rua Teixeira Júnior, 441
São Cristóvão - Fax: (21) 3295-9824
20921-405 – Rio de Janeiro – RJ
www.qualitymark.com.br
E-mail: quality@qualitymark.com.br
Tel: (21) 3295-9800 ou (21) 3094-8400
QualityPhone: 0800-0263311

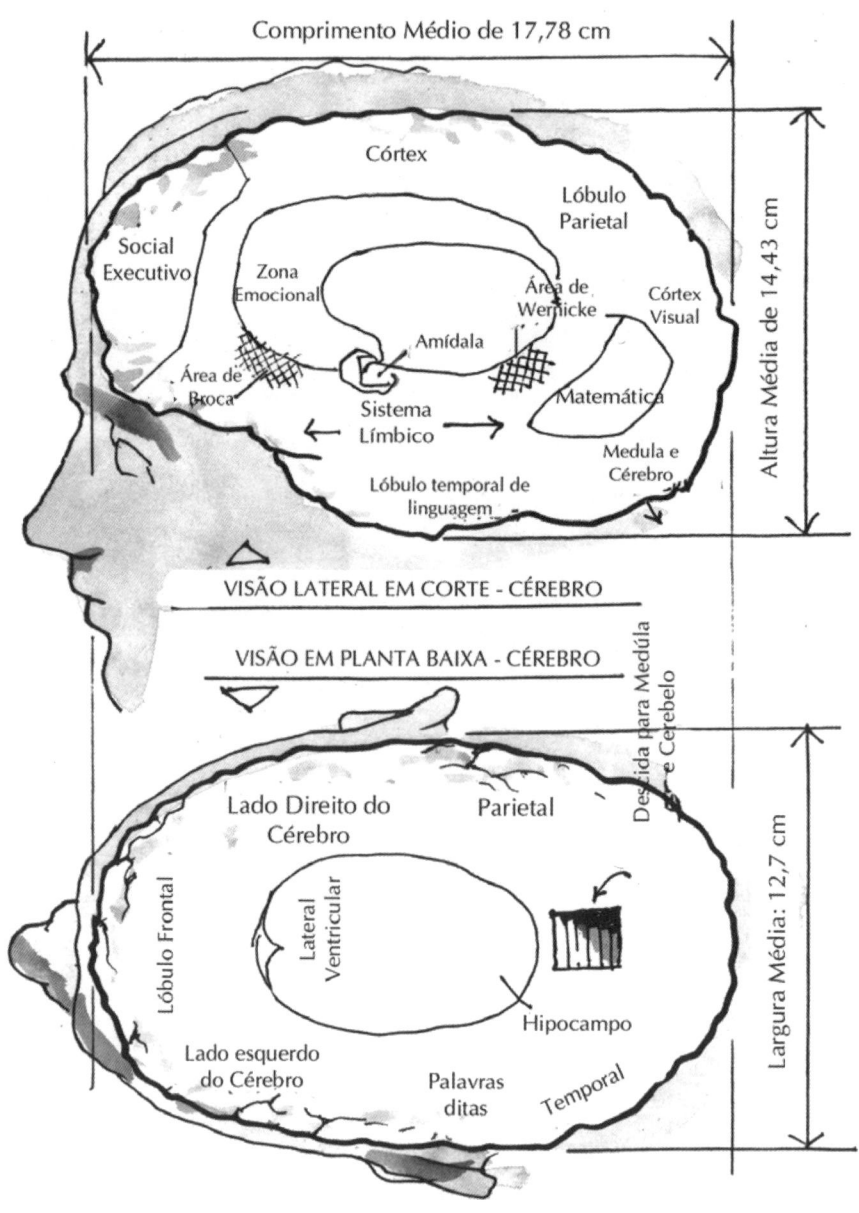

Sumário

Introdução: 8

Seção Um: 11-42
Função Executiva
Ela soluciona problemas, organizando os dados em ordem de causa e efeito para testar a sua utilidade em atingir um objetivo selecionado – descartando o que é inútil enquanto prossegue.
14 EXERCÍCIOS MENTAIS

Seção Dois: 43-66
Funções da Memória 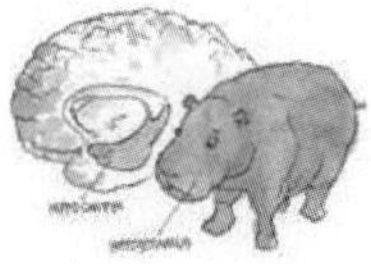
A memória é a mãe do pensamento. O foco é o pai. Exercícios como esses desenvolvem as capacidades de concentração. Os trabalhos que exigem constantemente a memória aumentam o hipocampo.
10 EXERCÍCIOS MENTAIS

Seção Três: 67-110
Função de Cálculo
Ela ajusta os valores relativos em estruturas orientadas por regras. Nesse sentido, a matemática é uma linguagem de relações medidas com exatidão, que levam a mente a conclusões, com algumas das quais sendo surpresas, exatamente como a sua irmã arte, música, faz.
20 EXERCÍCIOS MENTAIS

Seção Quatro: 111-134
Função Espacial
Girar formas na imaginação é uma capacidade de nascença. Geralmente, os arquitetos e os canhotos são mais bem equipados para fazer isso. Os homens a usam para ler mapas de cabeça para baixo, colocar objetos no porta-malas de carros e construir impérios.
10 EXERCÍCIOS MENTAIS

Seção Cinco: 135-186
Função de Linguagem
As tarefas operacionais de palavras com o hemisfério esquerdo libera neurotransmissores da sensação de prazer. E também desenvolve o vocabulário. Muito bom?
24 exercícios mentais

Seção Seis: 187-210
Funções Social/Emocional
A parte mais humana do cérebro passa a maior parte do seu tempo dizendo aos sistemas do instinto para ficarem frios. Aqui entra o aquela coisa do sexo.
6 EXERCÍCIOS MENTAIS E TESTES

Soluções: 211-221

Dicas de Desempenho: 222

Parabéns! Você resolveu cuidar do futuro do seu cérebro. Essa parte é difícil. A nossa contribuição para esse esforço é criar exercícios em interessantes formatos de quebra-cabeças. Nós também vamos dizer como os seis sistemas cognitivos, que funcionam mais para você em situações reais, podem ser incentivados a fazer melhor o trabalho deles. São eles: Executiva, Memória, Cálculo, Espacial, Linguagem e Social/Emocional. São eles que o fazem sobressair no trabalho, desenvolver um armazenamento útil de lembranças, planejar e viver de maneira interessante na velhice.

Permita-nos falar um pouco sobre o seu segundo bem mais valioso. O seu cérebro começa a ficar mais lento assim que seu projeto termina de se desdobrar por volta dos 20 anos. A partir de então, ele tem uma perda de capacidade igual a cada ano, e continuará assim. Os sintomas da redução de velocidade – dos "momentos seniores" até o Alzheimer – são apenas sinais dos efeitos cumulativos da perda contínua que começam a aparecer visivelmente no seu comportamento.

A boa notícia é que você pode fazer algo. Você deu o primeiro passo ao escolher este livro. Ele é designado a ajudá-lo a tornar mais lenta a redução de velocidade. Ainda não existem pílulas ou vacinas para estimular sua inteligência sem esforço. Em dez anos, algumas pílulas para melhorar a memória serão testadas, aprovadas e vendidas. Agora, o exercício-alvo é tão bom para o seu cérebro quanto para os seus músculos e os sistemas cardiopulmonares.

Experimente um exercício por dia. Comece com os mais fáceis. Se você não avançar, não desista do exercício. Use a "Dica" impressa em fonte pequena, de cabeça para baixo ao final da página. Passe de capítulo a capítulo no decorrer de cada semana. Pense nessa rotina diária como se fosse um conjunto de exercícios físicos para diferentes grupos de músculos. Aqui, há exercícios suficientes para um curso de treinamento de três meses. Quando você tiver terminado o livro, tente novamente fazer uns dos primeiros. Mesmo que tenha esquecido a resposta, ainda ficará surpreso com sua facilidade aparente.

A cada dia, você será capaz de aprender alguma coisa sobre como funciona o cérebro humano quando ele soluciona os problemas. Chamamos essas dicas de desempenho de "você sabia", pois muitas delas serão uma surpresa. Contudo, nós as selecionamos nos resultados da pesquisa neurocientífica, muitos delas em pesquisas publicadas desde a virada do milênio. Geralmente, você pode aplicá-las diretamente em situações da vida real para aprimorar o desempenho. Algumas confirmarão uma sensação que você teve o tempo todo, sozinho, sobre como o cérebro consegue fazer as coisas. Ao final deste livro, compilamos essas dicas em uma lista com o título "Dicas de Desempenho", de modo que será possível procurar novamente uma, se você quiser contar a alguém sobre ela. (Elas podem ser ótimas para iniciar conversas em festas.)

Ao mesmo tempo, os exercícios e as dicas de desempenho o ajudarão de três maneiras, bem diferentes. Primeiro, eles o tornarão efetivamente mais consciente de que, de fato, você pode controlar muito do que acontece no seu cérebro. Você pode aperfeiçoar a habilidade com a qual lida. Segundo, eles o ensinarão estratégias para ver os problemas de maneiras que sugerem soluções. Diferentes formatos de quebra-cabeças podem ser aplicados aos problemas do mundo real. Terceiro, você estará ajudando a tornar mais fortes as células cerebrais. É verdade, quando você fizer as células trabalharem, fisicamente elas criarão novas conexões, chamadas dendritos e axônios, que lhes permitirão passar sinais entre as células. Como tudo mais, quanto mais recursos você puder levar para solucionar um problema, mais provavelmente encontrará uma boa solução.

E falando em soluções, todas elas estão no final do livro. Esqueça a nossa solução até ter terminado os quebra-cabeças da sua maneira. Um motivo importante para permanecer com um enigma até você ter conseguido dominá-lo, por mais doloroso que possa ser, é que é benéfico para você da mesma maneira que "sem dor, sem valor" é em uma rotina física de exercícios. Ele constrói o mesmo tipo de resistência. É conhecido como "concentração" no desempenho mental. A perseverança pode ser aperfeiçoada da mesma forma como o treinamento aeróbico o ajuda a correr ou nadar mais longe sempre a cada vez. Frequentemente, capacidades maiores de concentração vencerão uma corrida competitiva por uma solução.

Alguns pontos de organização:

Inicialmente, criamos a maioria dos formatos de quebra-cabeças deste livro de exercícios mentais para uma coluna diária solicitada pelo New York Times para distribuir fora dos Estados Unidos, na década de 1980. Nós a chamamos de "Playspace" e queríamos dizer isso. Play (jogar/brincar) é uma atividade essencial para ter mais aprendizado. Pense no período mais ferozmente produtivo de aprendizado da sua própria vida. Entre as idades de dois e seis anos, você aprendeu sozinho a gramática e o vocabulário de uma linguagem que nunca tinha ouvido antes. Aprendeu as regras do certo e do errado em uma sociedade confusa. Você ficou em pé, enfrentou a gravidade e andou. Você foi da conveniência ao dever quando foi levado para o treinamento no penico. Isso é um bocado para conseguir em quatro anos. Durante o tempo todo, você estava brincando ou assim parecia a todas aquelas pessoas enormes à sua volta, que estavam fazendo coisas importantes com suas vidas. Na verdade, você estava estudando-os, como animais de laboratório que o alimentavam, pegando dicas tão rapidamente quanto seus neurônios podiam compreender. Vida longa para um coração leve e ansioso!

Na maior parte de nossas vidas maduras, David e eu nos envolvemos com prazer no aprendizado de como o cérebro humano faz os seus milagres – e desenvolvemos tarefas para ele. Esperamos ter escolhido bem o suficiente para atrair o seu interesse e entreter os seus neurônios enquanto eles se expandem.

– Allen Bragdon, Cape Cod, abril de 2001.

Seção Um

EXECUTIVA

No cérebro humano, a *Função Executiva* está localizada na parte frontal da testa, acima dos olhos. Essa área evoluiu depois de algumas áreas do cérebro primata. Ela também é a última a amadurecer nas crianças e não se desenvolve totalmente até depois dos nove anos de idade. Alguns neurofisiologistas até afirmam que ela não é totalmente desenvolvida senão até os 20 anos – uma visão também mantida por muitos pais, com base em sua evidência empírica. Como no sistema L.I.F.O (Last In, First Out – Último a Entrar, Primeiro a Sair) de gerenciamento de inventários, o seu grupo de habilidades humanas acumuladas tende a ser o primeiro a se deteriorar com a idade.

Na Executiva, as ferramentas de pensamento são compostas de dispositivos sabiamente projetados. Um desses dispositivos é a *Memória Operacional*, que retém os dados, temporariamente, na mente enquanto o cérebro os manipula. Por exemplo, observe como você multiplica 89 x 91 em sua cabeça. Ou lê a seguinte frase e responde à pergunta que aparece mais adiante neste texto. "A garçonete pediu ao ajudante de garçom para limpar os pratos azuis, mas deixar a cesta de pães para o garçom levar para casa, para o papagaio dele".

Negociantes executivos são, ou deveriam ser, habilidosos em visualizar possíveis caminhos futuros para a empresa e mapear as etapas intermediárias exigidas para atingir o objetivo escolhido. Na medida em que surgem novos dados, o executivo deve adaptar as estratégias originais sem sacrificar o objetivo.

Da mesma forma, as funções Executivas incluem a capacidade de alterar as respostas para se ajustar aos novos dados. O cérebro pode adaptar produtivamente as respostas quando os padrões de dados que entram se modificam, enquanto ainda mantém em mente o objetivo original. *Einstellung* é a palavra em alemão usada pelos neuropsicólogos para identificar uma mentalidade que não pode detectar uma nova tendência em uma sequência de dados. Tais mentes continuam a responder de uma maneira improdutiva.

Muitos dos exercícios mentais nesta seção usam habilidades de lógica *convergente*, onde o funcionamento da memória examina os dados apresentados e trabalha apenas na conclusão certa. (Dados: *Sócrates é um homem. Todos os homens são mortais.* Conclusão: *Sócrates é mortal.*)

A *Inteligência Divergente*, por outro lado, equipa a mente para detectar padrões desconhecidos. Geralmente, eles são recém-formados dentro dos dados familiares. Eles também são processados na área pré-frontal, onde residem as funções Executivas. De várias maneiras, trata-se da antese da mentalidade de *Einstellung*. De forma bem interessante, se a área frontal do cérebro é danificada, as habilidades do pensamento convergente são perdidas, mas o QI (Quociente de Inteligência) permanece inalterado. Na página 190, você encontrará um jogo para brincar com outra pessoa, que revela as tendências para pensar, dentro ou fora do envelope, ou dos dois modos. (Quem queria a cesta de pães?)

À medida que o cérebro envelhece, a habilidade de manipular rapidamente os dados com a ferramenta da Memória Operacional fica mais lenta. Na verdade, ela começa a perder a sua agudeza quando o cérebro se torna totalmente maduro, no início dos 20 anos de idade. A taxa de perda permanece constante até a velhice, mas, normalmente, o efeito cumulativo não aparece senão quando os "momentos seniores" começam a acontecer aos 60 anos.

A boa notícia é que a maioria das habilidades da função Executiva pode ser mantida, usando-as – por exemplo, trabalhando nos exercícios mentais deste livro. Como esse grupo de habilidades é essencial para os níveis mais altos de pensamento, discernimento e comportamento produtivo, é válido cultivá-las por toda a vida, para manter a mais alta qualidade de vida.

Escolha do Jogador

Médio

Orientações

Cada símbolo representa um dígito e sempre o mesmo dígito. Dois símbolos indicam um número de dois dígitos. Quanto tempo você levará para decodificar este quebra-cabeça?

Você sabia...

A "Executiva" está entre as funções que evoluíram mais recentemente

As funções Executivas, que evoluíram na parte mais anterior (frontal) do cérebro humano, logo acima da sobrancelha, executam as tarefas humanas cognitivas mais exclusivas. Essas incluem o comportamento de planejar e o controle de respostas instintivas para atingir os objetivos definidos para o futuro. A função Executiva interpreta os dados atuais segundo seu valor no futuro. Ela também coordena sofisticados movimentos físicos, tais como aqueles necessários para pronunciar as palavras. As habilidades pré-frontais estão localizadas em duas áreas do cérebro: *córtex pré-frontal*, a superfície externa dos lados da fronte, e as regiões *frontais orbitais*, a partir do ponto central da fronte, aprofundando-se para o interior do cérebro. Lá, elas se conectam com os sistemas *límbicos* mais primitivos, inclusive o *hipocampo* (que ajuda a orientar os dados na memória) e *amídala* (que se mantém em alerta quanto aos novos dados importantes).

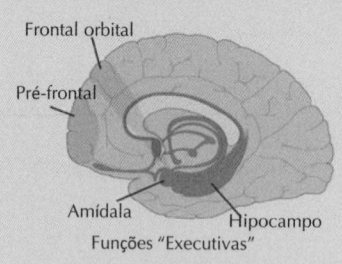

Funções "Executivas"

Resposta na página 211

& + [+ ∗ = ! (
$ + ¢ + ∗ = ! (
# + ¢ + [= ! (
% + ∗ + [+ (= ! (
! + ¢ + % + ∗ = ! (
% + & + ∗ + $ = ! (
¢ + $ + % + # = ! (

DICA: Todas as respostas são 21.

O Datilógrafo Raivoso*!$%?

Avançado

Orientações

Cada símbolo representa um dígito e sempre o mesmo dígito. Os símbolos duplos representam números de dois dígitos. O asterisco representa um sinal aritmético, mas, não necessariamente o mesmo sinal em cada equação. Tente descobrir os valores dos símbolos. Sim, todas as respostas têm o mesmo número.

Você sabia...

Ter que lidar com dados desconhecidos mantém o cérebro jovem

É interessante saber que os antigos professores universitários testaram as habilidades na função Executiva, as quais incluem tarefas da Memória Operacional, com pontuação mais alta do que as pessoas da mesma idade, que tinham seguido outros caminhos de vida. As pontuações delas em tais testes são mais competitivas com a pontuação nos testes de jovens alunos formandos. Lidar a cada ano com novas descobertas em seus campos escolhidos e mudar as políticas administrativas podem ser os fatores causais.

Resposta na página 211

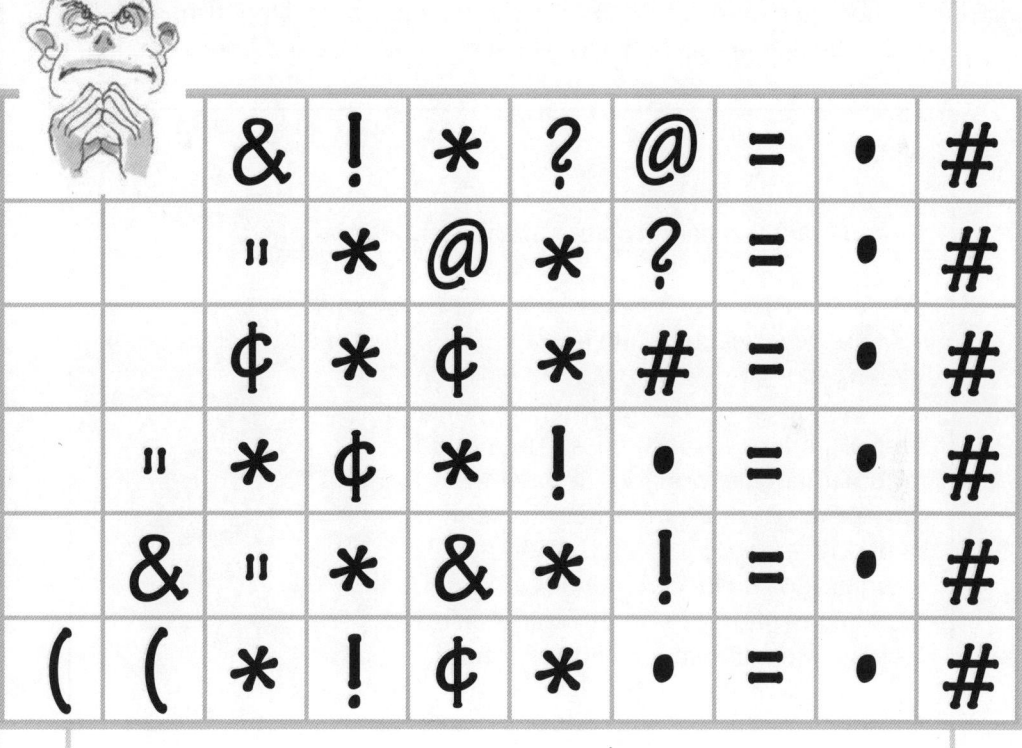

DICA: O ponto de exclamação é um e o ponto de interrogação é três.

Todos os Trinta e Quatro

Médio

Orientações

Usando todos os números de 5 a 16 apenas uma vez, forme um quadrado mágico, onde a soma dos números que você insere nos quadrados serão os mesmos, tanto na horizontal quanto na vertical, e em cada diagonal. Neste caso, 34 é o número mágico.

Você sabia...

Como manter o cérebro ativo na aposentadoria

Moral: Para permanecer ativo enquanto você envelhece, mantenha as Funções Executivas ativas, por exemplo, projetando um jardim de acordo com a estação do ano ou planejando e preparando um jantar festivo para novos hóspedes. Até mesmo arrumar aquele armário desorganizado do quarto é uma tarefa que trabalha o músculo físico e mental. (Bônus: Os pesquisadores do cérebro descobriram, repetidamente, que a atividade física claramente mantém a acuidade mental.)

Resposta na página 211

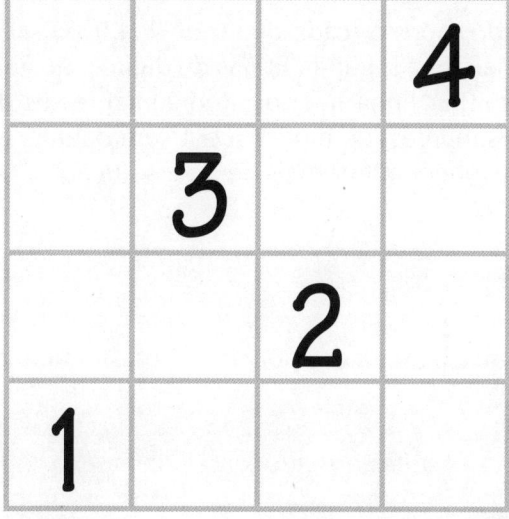

DICA: Os números que você insere nos dois quadrados em branco devem totalizar 29.
Os números nos dois quadrados do canto também devem totalizar 29.

Os Nove Mágicos

Médio

Orientações

No quadrado, oposto, cada dígito de 1 a 9 é usado apenas uma vez. A primeira e a segunda linhas de dígitos são adicionadas para obter a soma na linha inferior. Reorganize esses dígitos em sete quadrados similares, de modo que a soma aumente em 9 a cada vez. É possível encontrar mais de uma solução.

Você sabia...

As diferenças nas habilidades podem ser observadas na infância

Muitas diferenças de sexo podem ser documentadas logo após o nascimento. Em geral, as meninas mostram uma reação maior aos rostos e são mais sensíveis aos sons da linguagem. As meninas também tendem a falar mais cedo e a completar frases mais cedo. Os bebês do sexo masculino tendem a ficar em pé, caminhar e correr mais cedo do que as meninas. Eles também desenvolvem, mais cedo do que as meninas, as habilidades motora e espacial.

Resposta na página 211

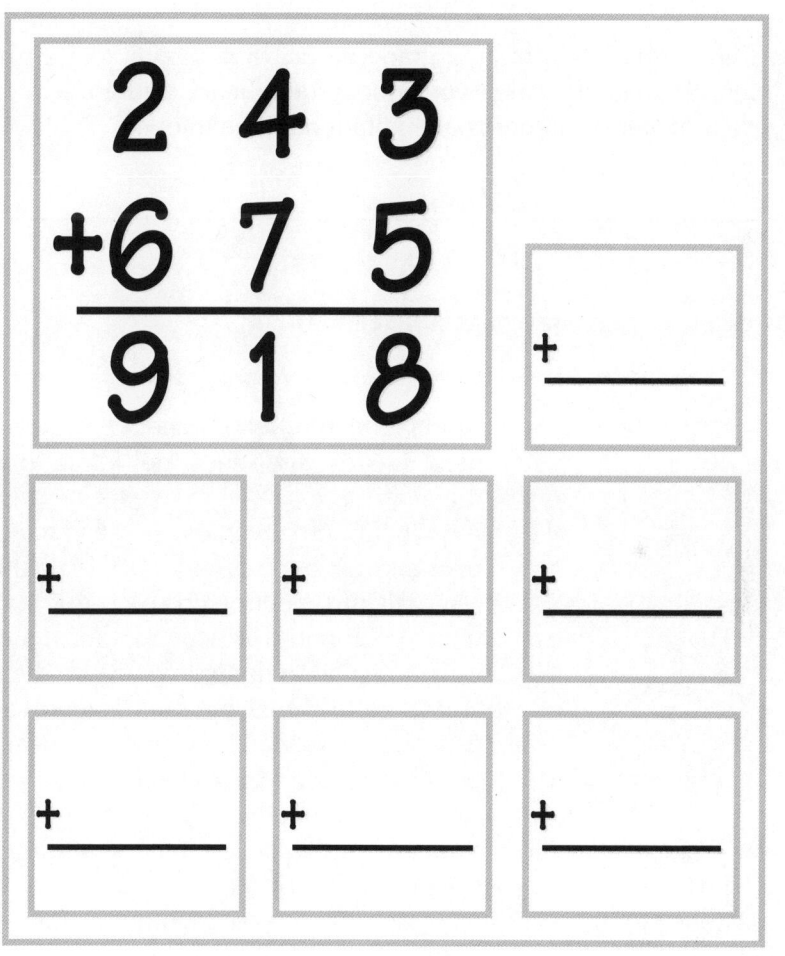

DICA: Adicionar 9 a cada total seguinte o deixa com apenas 6 números para reorganizar.

O Quadrado que Remexe

Médio

Orientações

Cada linha horizontal na grade da próxima página tem a mesma relação matemática. Se você puder identificar o padrão, será capaz de fornecer os números que faltam na linha inferior.

> **Você sabia...**
> **As crianças pequenas gostam de agir**
>
>
>
> Ainda que um ser humano precise ter pelo menos seis anos de idade para *imaginar* a causa e o efeito de uma sequência de eventos, uma criança pequena ou bebê aprende rapidamente a repetir um movimento físico que gera uma recompensa óbvia. Se uma corda estiver ligada do dedo do pé de um bebê a um móbile visível, rapidamente ele descobrirá que cada vez que balançar a perna, o móbile se moverá. Essa ação será repetida para a alegria e a fascinação do bebê. Para manter uma criança pequena ocupada enquanto você cuida das suas obrigações, ajeite-a com brinquedos que oferecem uma conexão direta e física entre ação e recompensa.

Resposta na página 211

1	9	6	1	4
3	6	1	1	9
2	8	9	1	7
2	5	6	1	6
3	2	4	?	?

DICA: Horizontalmente, trabalhe por linha, primeiro com os três primeiros números, depois, com os dois últimos.

Jogos para Ativar o Cérebro

Roda da Fortuna

Avançado

Orientações

Os números mágicos para a roda da fortuna são: 34, 42, 43, 50, 51, 52, 59, 60 e 68. Ponha cada um desses números no círculo apropriado, de modo que:

1. Os três números em cada linha reta sejam iguais a 153.
2. Os números nos círculos ABC, CDE, EFG e GHA também sejam iguais a 153.

Colocamos o número 59 em um círculo para você começar.

Você sabia...
Os testes de habilidade mostram as diferenças de sexo

Quando um grupo de mais de cem homens e mulheres passou por uma bateria de testes da função neuropsicológica, imediatamente ficaram claras as diferenças de sexo em algumas funções. Os resultados mostraram que nos testes de abstração e flexibilidade mental, não há nenhuma diferença significativa entre os sexos masculino e feminino. Nas memórias facial e verbal, de modo imediato e com atraso, as mulheres se saíram muito melhor do que os homens. Entretanto, nos testes de habilidades motora e espacial, os homens se saíram notavelmente melhor do que as mulheres.

Resposta na página 211

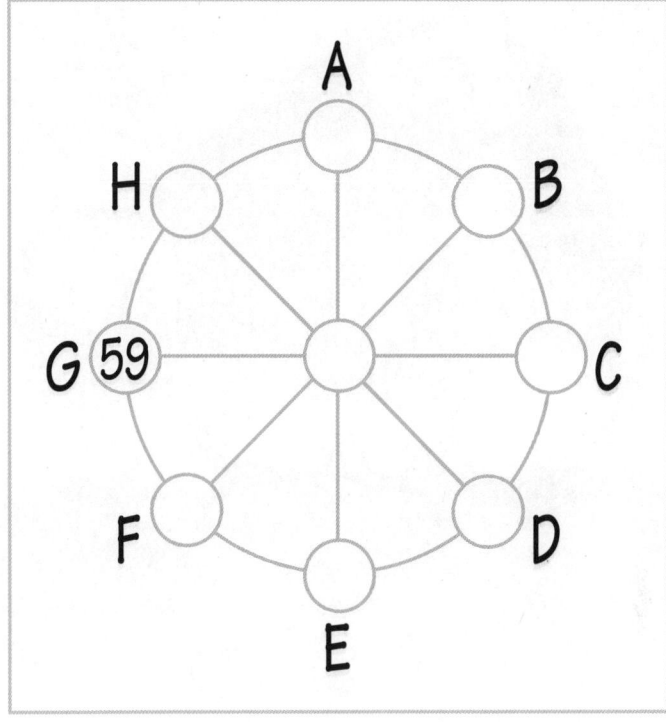

DICA: O número no círculo central é 51.

Jogo das Aves

Médio

De segunda a sexta, Calvin supervisiona com atenção o Departamento de Desenvolvimento e Resgate dos Amigos Internacionais das Aves (AIA). É uma posição de responsabilidade, que exige viagens comerciais frequentes pelo distante e extenso império das aves domésticas do AIA.

Quando o departamento de contabilidade pediu que calculasse quanto tempo ele gastava na estrada, Calvin consultou seu diário do quarto semestre de um ano recente. Ele mostrou que, em um período de seis semanas, ele esteve no escritório no primeiro dia do mês, depois nos dias 4, 8, 9, 11, 12, 22, 25, 28, 29, 30 e nos dias 4 e 8 do mês seguinte.

Resposta na página 211

Durante esse período, Calvin só trabalhou um sábado, quando teve que supervisionar a remoção das penas de um grupo extremamente hostil de aves.

Você pode descobrir em quais dias da semana Calvin se apresentou no escritório naquelas seis semanas? Se puder, então não terá problemas para descobrir quais meses Calvin mencionou em seu diário.

Você sabia...
Homens e mulheres são mentalmente flexíveis

Os seres humanos saudáveis, de ambos os sexos, saem-se igualmente bem nos testes de abstração e flexibilidade (ABF – testes de Abstraction and Flexibility). Os testes ABF medem a habilidade de criar conceitos a partir de imagens ou exemplos, e a habilidade de trocar os conceitos anteriores por novos, quando as imagens são mudadas. Em uma bateria de testes, homens e mulheres foram solicitados a adivinhar a categoria com a qual classificar determinados objetos. Como a categoria mudou durante o teste, os dois sexos perceberam que a categoria tinha mudado e aplicaram novos princípios à tarefa de classificação. No entanto, as dificuldades no ABF poderão acontecer em qualquer um dos sexos, se houver um dano na parte frontal do cérebro, chamada de lóbulo frontal.

DICA: Faça um esboço de um calendário de sete dias para as seis semanas e preencha as partes em branco.

Fileiras de Dominó

Nível inicial

Orientações

Converta estas oito equações de dominó em números. Um dominó colocado verticalmente indica uma fração ou uma divisão. Se o dominó for colocado horizontalmente, os pontos são somados. Um dominó sobre outro também significa uma fração ou uma divisão do número total de pontos. Um em branco é zero.

Você sabia...
O cérebro masculino envelhece mais depressa

Em comparação com as mulheres, os homens não apenas têm uma porcentagem proporcionalmente maior de tecido nervoso em seus cérebros, como também têm mais fluido neles. Cada vez que uma célula cerebral morre, ela é substituída pelo fluido cérebro-espinhal. A quantidade de fluido no cérebro indica a atrofia cerebral ou a morte de células do cérebro. Anatomicamente, quando os homens envelhecem, eles perdem tecido cerebral em cerca de três vezes em relação às mulheres. Quanto à verdadeira função do cérebro, homens entre as idades de 18 e 45 anos, perdem crescentemente sua capacidade de prestar atenção efetivamente no que se refere a todos os testes de habilidade, mas em especial, aqueles que envolvem a memória verbal. As mulheres não mostraram nenhum declínio nesse grupo de idade.

Resposta na página 211

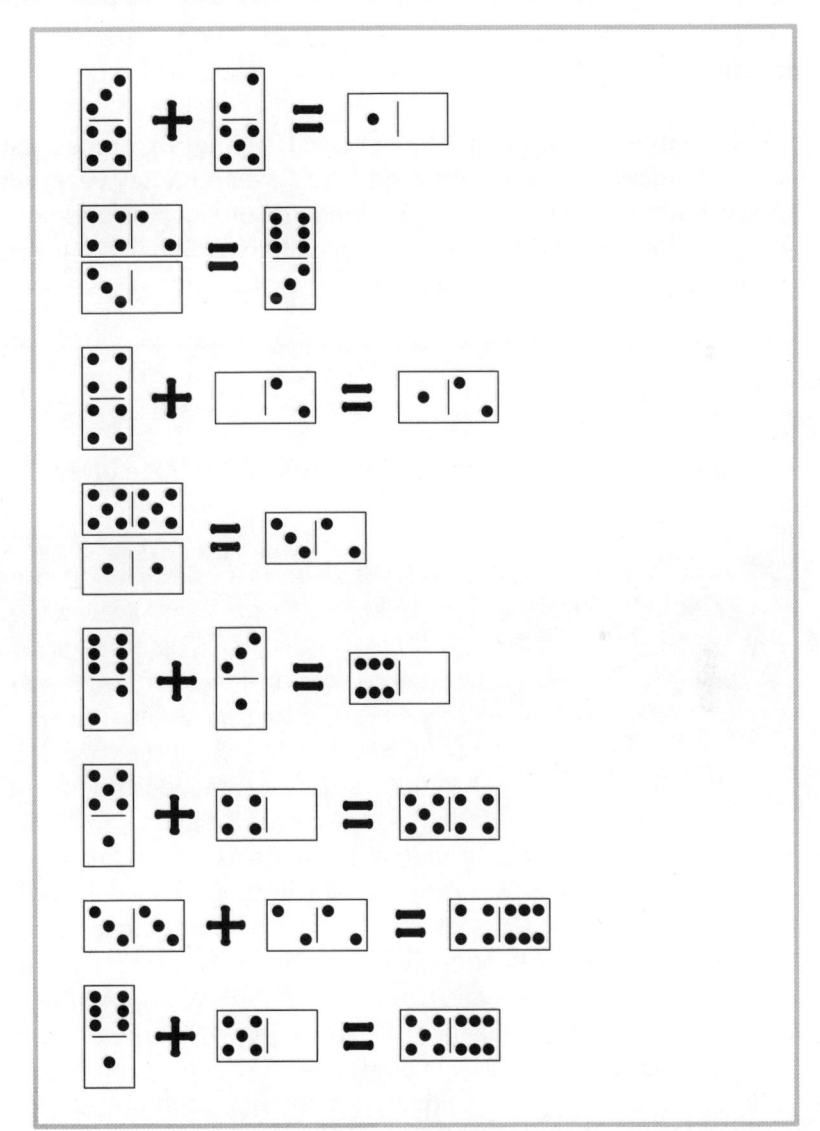

DICA: Um número inteiro dividido por 1 continua igual.

Adão e Eva?

Nível inicial

Orientações

Duas senhoras, com três letras em seus primeiros nomes, estão escondendo-se nesse labirinto de letras. Veja quantas vezes você pode soletrar cada um dos nomes, lendo da direita para a esquerda, da esquerda para a direita, de cima para baixo, de baixo para cima e diagonalmente, nos dois sentidos.

Você sabia...
O aprendizado é retardado quando o cérebro não pode dizer "não"

Os Transtornos de Déficit de Atenção por Hiperatividade (TDAH) são mais associados às falhas das funções de saída do cérebro. Uma pesquisa recente mostra que o TDAH não se trata tanto de uma desordem de "atenção", mas de uma inibição que leva à desordem *intencional*; a consciência da criança não consegue filtrar os dados aleatórios que são improdutivos, de modo que ela atua em tudo. Geralmente, a inibição entra em conflito com a intenção e um componente essencial da Função Executiva do cérebro é exatamente dizer "não" aos impulsos improdutivos que interferem na concretização de um objetivo desejado. Se o cérebro não é capaz de bloquear os impulsos, frequentemente resultam consequências negativas: a entrada, aprendizado e objetivos podem não ser atingidos.

Resposta na página 211

DICA: O número total de ambas é 12.

O Contador Able

Nível inicial

Tom, Dick, seu primo Harry e Jim, o verdureiro, compartilharam um contador, Able, nos últimos meses. Eles gostaram do trabalho dele e planejavam surpreendê-lo com um aumento de salário ao final de quatro meses, mas, não estavam de acordo sobre quando aquilo seria. A discussão acontece durante o fim de semana – longe das lojas em que seus relatórios são mantidos. E é assim que continua:

Tom: Able começou conosco no fim de dezembro ou no primeiro dia de janeiro.

Dick: Eu me lembro que houve uma pesada tempestade de neve na semana em que ele começou e sei que nós vendemos 15 removedores de neve na primeira semana de fevereiro.

Harry: Não. Nós o contratamos um pouco depois que eu abri o meu negócio de medicamentos e vitaminas, que eu acho que aconteceu por volta do dia 12 de janeiro. Ele pode ter começado em março.

Jim: Os quatro meses dele serão em maio ou junho.

Qual afirmação poderia estar certa?

Resposta na página 212

> ## Você sabia...
>
> **Os hormônios do estresse podem ajudar ou prejudicar**
>
> As pessoas não sobreviveriam sem a produção do hormônio de estresse, adrenalina ou cortisol. Esses hormônios dão aos seres humanos a capacidade de reagir e responder. Essencialmente, eles fornecem proteção e adaptação com relação aos acontecimentos da vida. Quando as pessoas não estão acostumadas a falar em público, geralmente elas passam pela experiência de um aumento na adrenalina e cortisol e, consequentemente, a pressão sanguínea e os batimentos cardíacos aumentam. Depois de várias palestras, a adrenalina continua a aumentar, o que é necessário para dar a um orador "o ponto", mas em geral, os níveis de cortisol não.
> O cortisol afeta quase todas as funções do corpo: ele tem uma influência direta nos receptores no núcleo de uma célula, regula o metabolismo no fígado e os aspectos da função cerebral, e afeta o sistema imunológico, a função cardiovascular, os batimentos cardíacos e a pressão sanguínea. Embora os hormônios do estresse sejam necessários para a sobrevivência, aumentos prolongados de cortisol podem causar uma influência negativa e acelerar determinados processos de doenças.

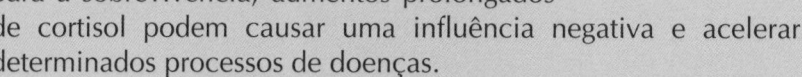

DICA: Quem está adivinhando e quem não está?

Médio

Orientações

Há duas linhas opostas de três números cada uma. Você pode descobrir a sequência lógica desses números e preencher o quadrado final na terceira linha?

Você sabia...
Uma resposta rápida ao derrame cerebral pode salvar a sua vida

Os derrames cerebrais acontecem quando o fluxo de sangue para as células cerebrais é bloqueado, frequentemente devido a um coágulo em um vaso sanguíneo do cérebro (isquemia) ou, com menos frequência, a uma hemorragia de um vaso. Em minutos, as células do cérebro morrem e começa o dano cerebral. Felizmente, há um tratamento medicinal chamado T.P.A. (Ativador Plasminogênio do Tecido), que pode desmanchar um coágulo, mas ele deve ser administrado em no máximo três horas depois de um derrame. Os sintomas de um derrame cerebral incluem a paralisação ou a fraqueza de um lado do corpo, confusão ou problema de fala, súbitos problemas de visão, tontura ou perda de equilíbrio, ou forte dor de cabeça inexplicável. Se você suspeitar de um iminente derrame cerebral, só tem pouco tempo para agir. Não demore. Ligue para 192 imediatamente, para que o tratamento possa começar.

Resposta na página 212

A	B	C
108	356	124
196	780	292
284	648	

DICA: Trabalhe horizontalmente. Faça algo com A e B para encontrar uma relação com C.

Os Cincos são Fantásticos

Médio

Orientações

Divida a grade de 5 x 5, do lado oposto, em cinco seções de cinco quadrados cada, sem que haja dois dígitos similares, com a soma dos quadrados em cada seção contendo o mesmo valor numérico.

Você sabia...
Pensar aumenta o fluxo sanguíneo no cérebro

Por anos, os cientistas pensaram que o fluxo sanguíneo para o cérebro era constante, no entanto, estudos recentes provam que o fluxo do sangue aumenta quando você pensa. Para pensar, o cérebro precisa criar energia. A energia é criada, quebrando a glicose e, para fazer isso, é necessário o oxigênio novo do sangue. Depois da glicose ter sido fragmentada, subprodutos do metabolismo são liberados e rapidamente obtidos pelo sangue e levados para longe do cérebro. O corpo sabe exatamente quais partes do cérebro requerem sangue extra. O fluxo de sangue aumentará para a área especializada do problema a ser resolvido. Os estudos de varredura PET (tomografia por emissão de pósitrons) mostram que o fluxo sanguíneo aumenta mais no lado esquerdo do cérebro nas analogias e mais do lado direito do cérebro nos testes que exigem racionalização espacial.

Resposta na página 212

3	9	4	7	8
8	1	5	2	3
7	8	3	6	5
6	5	7	4	1
4	3	2	5	9

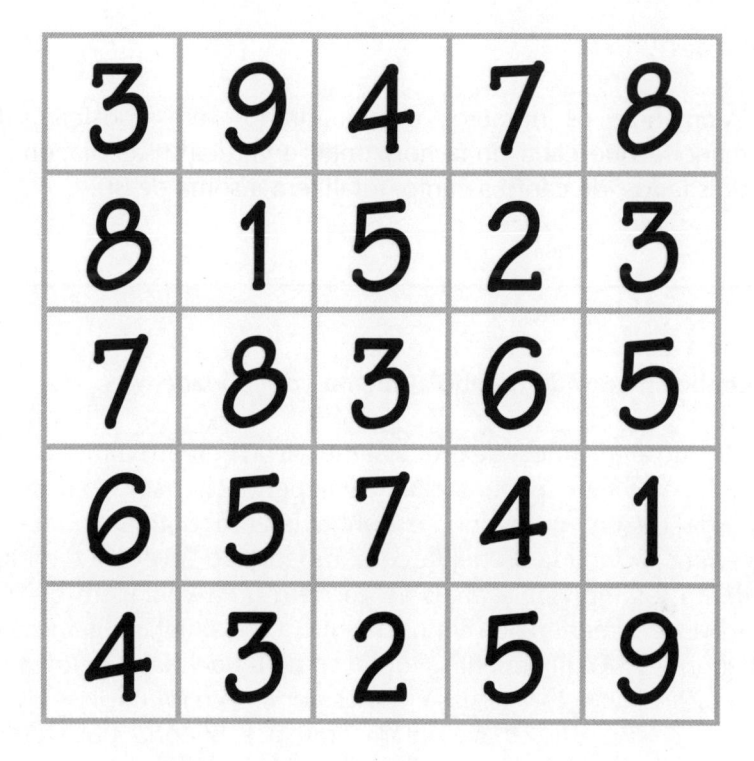

DICA: A soma dos quadrados em cada seção é 25.

Médio

Orientações

Reorganize os números nos quadrados, em oposição, de tal maneira que cada linha horizontal e vertical e as diagonais dos dois lados, de canto a canto, totalizem a soma de 30.

Você sabia...
O conhecimento do mundo aumenta com a idade

Ainda que a eficiência de processamento do cérebro diminua com a idade, o conhecimento factual e a experiência não. No decorrer da vida de um indivíduo, o conhecimento obtido através da experiência de vida aumenta com a idade, ao invés de diminuir. Portanto, os indivíduos mais velhos têm uma vantagem quando se trata de experiência, conhecimento conceitual, julgamento e sabedoria, visto que apenas a duração de uma vida pode oferecer tais coisas. Na história e nas culturas por todo o mundo, os jovens contam com a sabedoria dos adultos mais velhos. Até mesmo no local de trabalho dos americanos de hoje, seja um escritório de advocacia, uma firma de contabilidade, seja nos salas das academias, os adultos jovens se unem e aprendem novos dados sob a direção e a instrução de adultos mais velhos e mais experientes.

Resposta na página 212

DICA: O quadrado branco aparecerá como o terceiro quadrado vertical, na linha do lado esquerdo.

Astro-Lógico

Médio

Orientações

Se você já contou estrelas à noite, eis um enigma de estrela para mantê-lo ocupado. Vinte estrelas foram colocadas nos quadrados em branco, em oposição, duas estrelas em cada linha horizontal e vertical. Você pode colocar mais 20 estrelas nos quadrados vazios restantes? A pegadinha: São permitidas apenas quatro estrelas em cada linha horizontal e vertical.

Você sabia...
Os homens "lutam ou fogem"; as mulheres "cuidam e fazem amizade"

Estudos sobre ratos machos indicam que a aglomeração aumenta o estresse, pois ela eleva o hormônio cortisol do estresse. Com as fêmeas dos ratos, o efeito inverso acontece: a aglomeração parece acalmá-las. Nos humanos, os homens tendem a buscar a solidão ao chegar em casa do trabalho e preferem ficar sozinhos. Se os homens estiveram sob pressão o dia inteiro no trabalho, muito provavelmente provocarão conflitos no seio da família. Ao contrário, as mulheres sob estresse relacionado ao trabalho, após a volta para casa, muito provavelmente elas lidarão com isso se concentrando nos filhos. Os estudos mostram que mesmo quando as mulheres estão sob um ataque, muito provavelmente elas protegem seus filhos e procuram a ajuda de outras mulheres, ao invés de brigar e fugir.

Resposta na página 212

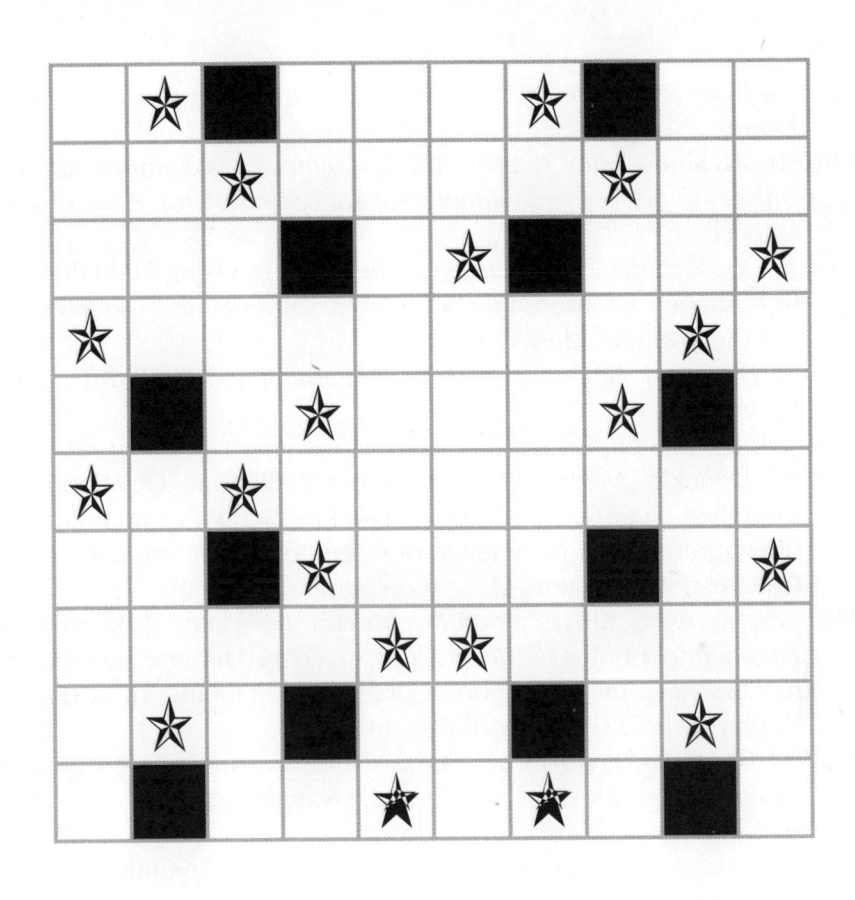

DICA: As quatro estrelas na linha inferior ficarão uma ao lado da outra.

Citações

Pág. 14 Gazzaniga, M. *et al.* (1998). *Cognitive Neuroscience*. W.W. Norton, Nova Iorque.

Págs. 16, 18 Shimamura, A. *et al.* (1995). *Memory and cognitive ability in university professors: evidence for successful aging.* Psychological Science 6/5:271-7.

Pág. 20 Gur, Ruben C. *Sex Differences in Learning.* Using Brain Research to Reshape Classroom Practice. Public Information Resources, Inc. 7-9 de novembro de 1999.

Pág. 22 Diamond, Adele. Conferência *"Learning and the Brain"*. (1999) Boston, MA.

Págs. 24, 27, 28 Gut, Ruben C.

Pág. 30 Denckla, Martha Bridge, doutora e diretora, Developmental Cognitive Neurology. The Johns Hopkins School of Medicine. De uma apresentação na Science of Cognition Conference, Library of Congress, Washington, D.C., 6 de outubro de 1999.

Pág. 33 MsEwen, Bruce, doutor e diretor do Hatch Laboratory of Neuroendocrinology, Rockefeller University. De uma apresentação na Science of Cognition Conference, Library of Congress, Washington, D.C., 6 de outubro de 1999.

Pág. 34 Cheresh, David *et al.*, Scripps Research Institute e outros no Henry Ford Health Sciences Center, "Nature Medicine" (2001).

Pág. 35 Gur, Ruben C.

Pág. 38 Park, Denise, doutor. The Center of Applied Cognitive Research on Aging, University of Michigan. De uma apresentação na Science of Cognition Conference, Library of Congress, Washington, D.C., 6 de outubro de 1999.

Pág. 40 S.E. Taylor *et al.* (2000). *Biobehavioral Responses to Stress in Females: Tend-and-Befriend, Not Fight-or-Flight.* Psychological Review 107/3: 411-29.

Seção Dois

MEMÓRIA

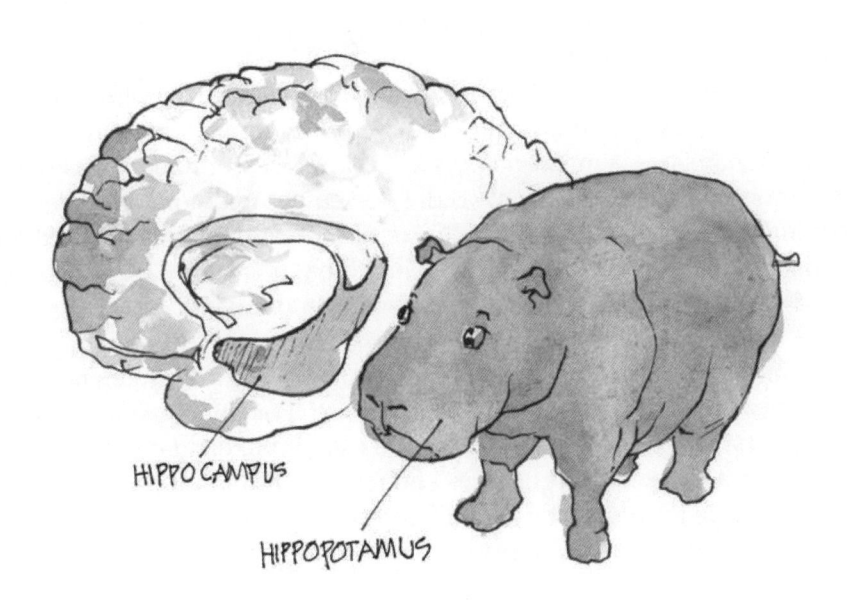

HIPPO CAMPUS

HIPPOPOTAMUS

Isto trata da(s) memória(s), no plural, porque o cérebro usa muitas estratégias diferentes para armazenar dados, recuperá-los e distorcê-los. Se você conhecer alguma coisa sobre como esses sistemas funcionam, poderá usar as estratégias dos sistemas internos da memória do cérebro para conceber a melhor estratégia a cada vez.

A memória *explícita* (às vezes chamada de memória *declarativa*) é o tipo que você usa quando faz, conscientemente, um esforço para se lembrar de alguma coisa. O seu cérebro armazena lembranças *implícitas, não declarativas*, sem que você sequer saiba o que aconteceu, muito menos sem ter a ciência de tentar. Por exemplo, é como você aprendeu o seu idioma nativo.

Aqui estão duas estratégias para converter novos dados em memória explícita de longa duração. Repita os dados de diferentes formas: escreva-os, diga-os em voz alta, explique-os a outra pessoa, faça um diagrama deles. Deixe que repousem um pouco, depois, recomece. Espaçar tais sessões de repetição ajudará.

Outro método de aprender novos dados é pegar um truque do seu sistema de memória implícita. A sua memória implícita de um acontecimento (chamada de memória *episódica*) torna-se permanente porque ela foi emocionalmente alterada – o dia do seu casamento, um acidente ou o nome do seu primeiro amor, por exemplo. Frequentemente, você pode aplicar artificialmente um "rótulo" emocional nos fatos banais, associando-os a alguma outra lembrança estranha ou dramática.

Relacione todos os novos dados às lembranças existentes. Quanto mais familiares forem os laços com os quais você lida com um novo fato, mais provavelmente será capaz de lembrar. Por quê? A sua lembrança de alguma coisa que aconteceu a você está armazenada em muitas partes diferentes do seu cérebro. Os cheiros dela em um lugar, as cores, as sensações de toque, os sons em diferentes conjuntos de células. Quando você se lembra, qualquer um desses componentes pode acionar o cérebro para que ele se mova e colete todos os outros, para reconstruir a riqueza de todo o acontecimento. Quando você tenta aceitar uma descrição de um "acontecimento" na memória, diga uma data na história ou uma lista de critérios para um diagnóstico, crie tantos "acionadores" quanto puder visualizando o "acontecimento" em associação com muitos sentimentos diferentes e lugares familiares, ou outros eventos.

As estratégias são importantes se você deseja aprimorar as habilidades da memória porque a prática não ajuda. Onde a prática ajuda é ao prolongar o tempo que você pode concentrar-se em uma tarefa, muito parecido como você desenvolve a capacidade pulmonar, então a resistência, com exercício aeróbico. A curta resposta para desenvolver a habilidade de focar mais é que forçar a si mesmo a permanecer com uma tarefa. Portanto, não afaste o enigma na primeira vez em que encontrar um obstáculo ao trabalhar com ele. Faça uma pausa, se quiser, pense por um minuto, mas não desista. Se você ficar parado, olhe a dica impressa de cabeça para baixo para continuar em frente. Cada vez que você não desiste, desenvolve a capacidade de permanecer com ele mais tempo, ainda que seja pouco. O efeito é cumulativo e vale o esforço. Se você não conseguir concentrar-se, não poderá desenvolver as estratégias da memória *explícita* e precisará fornecer novos dados à memória.

Fique atento à falsa lembrança. A verdadeira pode ficar facilmente distorcida quando você se lembra dela. O cérebro organiza o amplo armazenamento de dados que ele deve lembrar, juntando seus pedaços de modo que acompanhem outra experiência passada. Quando faltam detalhes, ele tenta inserir o que "deve" ter acontecido. Ele também preencherá os detalhes que são sugeridos pela forma como uma pergunta é feita quando você é solicitado a lembrar de alguma coisa.

O motivo pelo qual você esquece revela alguma coisa sobre por que se lembra. Quando duas partes de dados chamam a sua atenção em sequência, como, por exemplo, quando você lê duas estórias em uma antologia, a sua lembrança de detalhes da primeira ficará obscurecida por um tempo, uma ocorrência natural chamada de *inibição retroativa*. É por isso que, às vezes, as pessoas se veem em um lugar, mas não conseguem lembrar o motivo de terem ido para lá. Normalmente, é porque alguma coisa interessante chamou a atenção no caminho para lá.

A Madrugadora

Nível inicial

Natalie Nuthatch sabia que teria a escolha da coleção no pátio de vendas local se chegasse cedo o bastante, mas, nessa manhã de sábado em especial, ela chegou antes que os preparativos tivessem terminado. Solicitada a voltar na hora combinada, uma disciplinada Natalie fez um inventário secreto dos itens já expostos antes de bater em retirada e, ao voltar na hora certa, observou de imediato os itens que tinham sido acrescentados durante a sua ausência. Estude o conjunto de objetos que Natalie observou primeiro, na imagem de cima, depois, vire a página de cabeça para baixo e examine os objetos que ela encontrou ao voltar. Sem olhar de novo a primeira imagem, você pode dizer quais itens foram acrescentados para a venda?

Você sabia...
A memória é a mãe de todas as funções

Quando qualquer coisa está errada com o cérebro, o primeiro sistema afetado é a memória. Qualquer flutuação no estado mental, tal como depressão, ansiedade ou estresse, causará um impacto negativo no sistema da memória cerebral. Após um cérebro prejudicado, quase sempre a memória é a primeira coisa que é afetada. O dano nas partes parietal e temporal do lado esquerdo do cérebro é mais provável de afetar a memória da linguagem, visto que o hemisfério esquerdo é especialista nos processos de linguagem, verbal e analítico. O hemisfério direito se especializa nos processos espacial, facial, mais os processos Gestalt; os danos nesse lado afetam, mais possivelmente, o raciocínio espacial e a memória espacial.

Resposta na página 212

Jogos para Ativar o Cérebro

O Treze da Sorte

Avançado

Orientações

O seu objetivo é ir do 13 ao 181 em 10 movimentos, executando a função aritmética para o dígito no quadrado selecionado enquanto prossegue. Você pode começar de qualquer canto, mas – aqui está o truque – só um canto é o certo. Os movimentos podem ser feitos horizontal e verticalmente, mas não em diagonal.

Você sabia...
Cérebros jovens e velhos declinam na mesma proporção

Os cérebros velhos NÃO declinam mais rapidamente; eles apenas começam a demonstrar isso. Uma grande quantidade de adultos entre as idades de 20 a 90 anos, passou por uma bateria de testes da memória operacional e da função mental em geral. Os testes revelaram quantas informações eles podiam lembrar, manipular e recuperar. Por mais interessante que pareça, os resultados revelaram que o cérebro começa a declinar quando as pessoas estão na idade de 20 anos e continua no mesmo ritmo por toda a vida.

Portanto, um cérebro de 60 ou 70 anos de idade, na verdade, não está declinando mais rapidamente do que um de 30 anos. Embora o declínio comece na juventude, os efeitos cumulativos na função do cérebro não aparecem no comportamento, senão quando os adultos ficam muito mais velhos.

Resposta na página 212

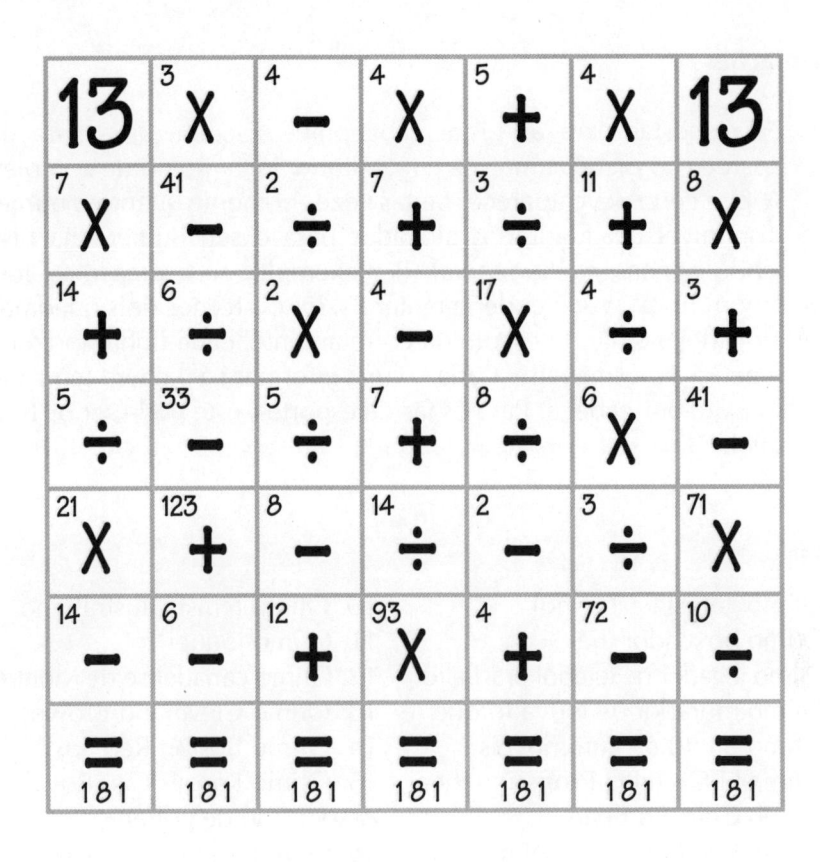

13	³ ×	⁴ −	⁴ ×	⁵ +	⁴ ×	13
⁷ ×	⁴¹ −	² ÷	⁷ +	³ ÷	¹¹ +	⁸ ×
¹⁴ +	⁶ ÷	² ×	⁴ −	¹⁷ ×	⁴ ÷	³ +
⁵ ÷	³³ −	⁵ ÷	⁷ +	⁸ ÷	⁶ ×	⁴¹ −
²¹ ×	¹²³ +	⁸ −	¹⁴ ÷	² −	³ ÷	⁷¹ ×
¹⁴ −	⁶ −	¹² +	⁹³ ×	⁴ +	⁷² −	¹⁰ ÷
= 181	= 181	= 181	= 181	= 181	= 181	= 181

DICA: *Concentre-se no 181, que é o segundo à esquerda na linha abaixo.*

Ótimo, Scott!

Avançado

Orientações

As respostas para as pistas são nomes. Escolha uma letra que aparece ao menos uma vez em qualquer lugar no nome completo. A letra certa deve aparecer tantas vezes no nome quanto o número disponível de quadrados alocados para o seu número na pista, lendo apenas *na horizontal*. Por exemplo, se a dica nº 9 fosse "Bjorn Borg", você poderia tentar Bs, Os ou Rs nos dois quadrados alocados.) Quando escolhida corretamente, cada linha horizontal repetirá a mesma letra. Cada coluna informará a palavra-tema para este quebra-cabeça. Para os fãs de esportes, este pode ser o "Nível inicial".

Pistas

1. Ótimo golfista espanhol
2. Ótimo boxeador (né)
3. Ótimo jogador de futebol brasileiro
4. Ótimo morador de Nova Iorque
5. Ótimo piloto de automóveis
6. Ótima LPGA (Liga Profissional da
7. Ótimo Chicago Bears
8. Ótimo nadador das olimpíadas dos EUA
9. Ótimo tenista sueco
10. Ótimo tenista australiano
11. Ótimo jóquei
12. Ótimo canadense de Montreal
13. Ótimo Cleveland Browns
14. Ótimo Boston Red Sox
15. Ótimo Kansas City Royals Associação de golfe)
16. Ótimo *skatista* alemão
17. Ótimo Detroit Lions
18. Ótimo enxadrista

Resposta na página 212

1			2		
3	4	5	6	7	8
9		10			
11		12			13
14	15		16		
17		18			

Você sabia...
Os cérebros velhos usam mais cérebro

Quando os pesquisadores pediram aos indivíduos jovens e velhos para fazer determinada tarefa de memória operacional verbal, os adultos jovens usaram apenas o seu córtex frontal esquerdo; os mais velhos usaram também as áreas em outro lugar, nos dois hemisférios esquerdo e direito. Em outro teste, os jovens adultos só precisaram de alguns circuitos cerebrais especializados, mas, novamente, os adultos mais velhos tiveram que usar mais de seus cérebros para realizar a mesma tarefa. O cérebro envelhecendo pode recrutar circuitos saudáveis pouco utilizados quando os circuitos originalmente especializados para determinada tarefa começam a falhar.

DICA: Nós já demos uma.

Isto é Entretenimento

Nível inicial

Orientações

As respostas para as pistas são nomes. Escolha uma letra que apareça apenas uma vez em qualquer lugar no nome completo. A letra certa deve aparecer tantas vezes no nome quanto o número disponível de quadrados alocados para cada pista de número, lendo apenas *na horizontal*. (Por exemplo, o nº 2 precisa das primeiras letras do seu primeiro e último nomes para preencher os seus dois quadrados.) Quando escolhida corretamente, cada linha horizontal repetirá a mesma letra. Cada coluna repetirá a palavra-tema adequada a este quebra-cabeça.

Você sabia...
Os bebês esquecem quando distraídos

Um bebê tentará pegar uma recompensa colocada sob uma xícara, mas se ele vir você movê-la para outra xícara e você o distrair, ele irá procurar sob a primeira xícara. Como o cérebro ainda não amadureceu o suficiente para reter os novos dados, leva apenas quatro segundos de distração para o bebê esquecer a segunda ação e voltar à primeira. Até que as habilidades de linguagem sejam adquiridas, a mesma resposta de esquecimento acontece nas crianças de dois anos de idade ou mais velhas, quando a distração leva tempo entre recolocar a recompensa e tentar pegá-la. Para os pais, isso pode ser um bônus: na próxima vez em que o seu bebê quiser pegar um objeto perigoso, distraia-o, trocando o objeto indesejável por um seguro.

Resposta na página 212

1	2		3	
4				5
6			7	
8				9
10			11	

Pistas
1. Comediante de televisão e casa noturna
2. Cantora e atriz de cinema
3. Artista da comédia "Taxi"
4. Butch Cassidy de Hollywood
5. Trompetista de Nova Orleans
6. O "maior" lutador
7. Vencedor de 1975 em Wimbledon
8. Três irmãos do beisebol
9. Comediante antigo da televisão
10. Mulher experiente de romance policial
11. Amor de Lucy

DICA: O nº 5 é Al Hin. Observe que o nº 8 inclui os nomes completos de todos os três irmãos.

Harmonias Celestiais — Médio

Orientações

As respostas para as pistas são nomes. Escolha uma letra que aparece ao menos uma vez em qualquer lugar no nome completo. A letra certa deve aparecer tantas vezes no nome quanto o número disponível de quadrados alocados para o seu número na pista, lendo apenas *na horizontal*. (Por exemplo, o nome certo para o nº 13 possibilitaria dois As ou dois Hs.) Quando escolhida corretamente, cada linha horizontal repetirá a mesma letra. Cada coluna informará a mesma palavra-tema adequada a este quebra-cabeça.

Pistas
1. Trompetista de jazz (1926-1991)
2. Artista de *South Pacific* (1913-1990)
3. Dançarino e coreógrafo americano (1894-1991)
4. Pianista de jazz (1920-1982)
5. Compositor austríaco (1797-1828)
6. Compositor francês (1862-1918)
7. Compositor de valsa austríaco (1825-1899)
8. Compositor americano (1896-1985)
9. Superestrela do violino (1901-1987)
10. Compositor de *West Side Story* (1918-1990)
11. Compositor de William Tell (1792-1868)
12. Superestrela da ópera (1873-1921)
13. Compositor de "Stardust" (1899-1981)
14. Compositor de *Appalachian Spring* (1900-1990)

Resposta na página 213

1	2		3	
4	5	6		7
8				9
10	11			
12		13		14

Você sabia...
Mais cérebro, mais memória obtida

Quanto mais o cérebro codifica, melhor é a memória. Os indivíduos recebem tarefas de memorização: listas de palavras; conjuntos de rostos desconhecidos; e conjuntos de imagens que podem ser nomeadas, tais como um cachorro desenhado. A região esquerda dorsal frontal do cérebro memoriza as listas de palavras (verbal), enquanto que os rostos desconhecidos exigem o lado direito pré-frontal do cérebro (não verbal). Como as imagens que podem ser nomeadas usam os dois lados do cérebro (dois códigos), elas são mais lembradas.

DICA: O nº 13 é Hoagy Carmichael.

Conexão Francesa

Médio

Orientações

Resolva este quebra-cabeça como se fosse uma palavra cruzada, usando números, ao invés de palavras. São usados apenas os dígitos 1 a 9; não há zeros. Somente um dígito pode ser colocado em cada quadrado e um dígito pode ser usado mais de uma vez em uma resposta. Onde parece que é possível mais de uma combinação de dígitos, procure por pistas adicionais nas respostas que se encaixam. Um número primo só é divisível por si mesmo e por 1.

Pistas

Horizontal
1. O início da Revolução Francesa
4. Um número primo
5. O número arábico mostrando qual Louis estava no poder na época de 1 Horizontal
7. 17--, a execução do líder revolucionário Georges Danton
8. 17--, o nascimento do pintor Corot
9. O mês e dia, em 1793, da execução de 5 Horizontal; o quadrado de um número primo
10. Ano de nascimento do pintor Delacroix

Vertical
1. O final da Revolução Francesa; ano de nascimento do romancista Balzac
2. O Dia da Bastilha (mês e dia)
3. Um número impar; a soma do segundo e do quarto dígitos é um terço de cada um dos outros dígitos
6. Um número par; cada um dos dois primeiros dígitos é três menos a soma dos dois últimos dígitos
9. Um número primo que também é inverso de 4 Horizontal

Resposta na página 213

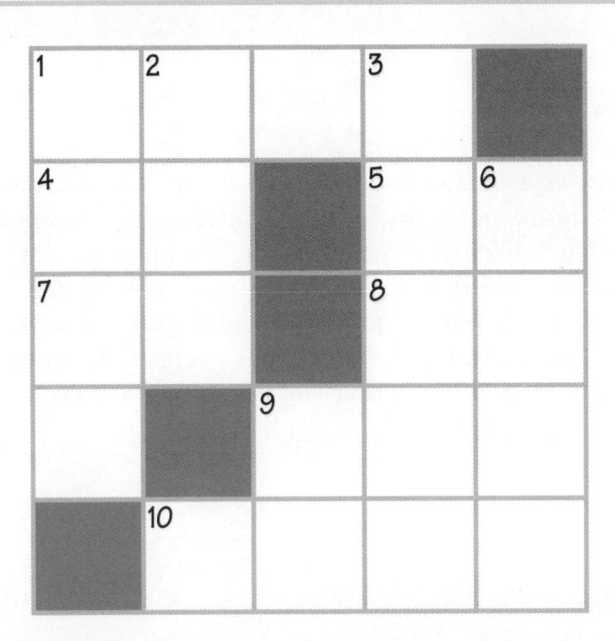

Você sabia...
O estresse prolongado prejudica o hipo (e a memória)

O estresse prolongado pode danificar uma parte do cérebro, chamada de hipocampo. O hipocampo contém receptores do hormônio cortisol de estresse e repetidos aumentos de cortisol podem prejudicar a memória declarativa. O hipocampo pode aguentar estresse de curta duração, no entanto, se o estresse for prolongado, os resultados serão mais negativos. O hipocampo nas pessoas com doença depressiva repetida torna-se menor em volume, de 10 a 12 por cento.

DICA: A soma de 9 Horizontal é 4.

Jogos para Ativar o Cérebro

Bandeira Americana para Sempre — Médio

Orientações

Resolva este quebra-cabeça como se fosse uma palavra cruzada, usando números, ao invés de palavras. São usados apenas os dígitos 1 a 9; não há zeros. Somente um dígito pode ser colocado em cada quadrado e um dígito pode ser usado mais de uma vez em uma resposta. Onde parece que é possível mais de uma combinação de dígitos, procure por pistas adicionais nas respostas que se encaixam. Um número primo só é divisível por si mesmo e por 1.

Pistas

Horizontal
1. O mês e dia de uma cerimônia da pátria
3. O ano em que o Congresso adotou a a bandeira

5. Cada dígito aumenta em 2
7. Quando vistos como números com dois dígitos, os primeiros dois dígitos são a metade dos dois últimos
8. O cubo de um número primo

Vertical
1. A soma dos dígitos é 25

2. O ano da Independência americana
3. Um número primo
4. A soma dos dígitos é 17

6. Veja 4 Vertical

Resposta na página 213

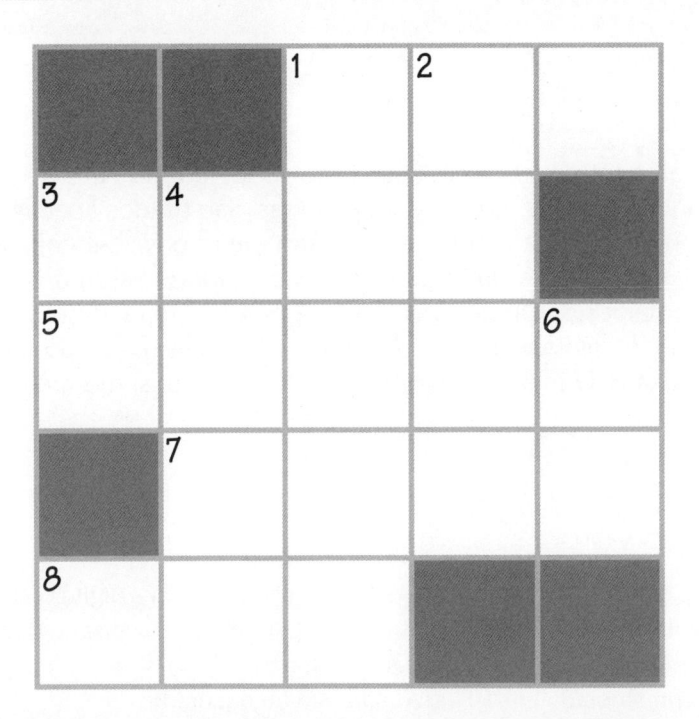

Você sabia...
O treinamento musical melhora a memória

Estudos mostram que adultos, quando receberam treinamento musical antes dos 12 anos de idade, têm a memória 16% melhor para a palavra falada do que outros adultos. Os circuitos cerebrais exercitados ao executar uma música são usados em muitas outras habilidades mentais, portanto, as crianças pequenas que aprendem música terão habilidades e capacidades maiores mais tarde na vida.

DICA: O dia da bandeira é 14 de junho.

Nascimento de uma Nação

Nível inicial

Orientações

Resolva este quebra-cabeça como se fosse uma palavra cruzada, usando números, ao invés de palavras. São usados apenas os dígitos 1 a 9; não há zeros. Somente um dígito pode ser colocado em cada quadrado e um dígito pode ser usado mais de uma vez em uma resposta. Onde parece que é possível mais de uma combinação de dígitos. procure por pistas adicionais nas respostas que se encaixam. Um número primo só é divisível por si mesmo e por 1.

Pistas

Horizontal
1. O mês e dia de um feriado nacional
3. Um dia de má sorte
5. O ano comemorado em 1 Horizontal
7. Um número primo, seguido de seu quadrado e cubo
8. O aniversário do bicentenário de 5 Horizontal
10. Um número de boa sorte

Vertical
2. A soma de seus dígitos é 16
3. O primeiro aniversário de 5 Horizontal
4. Um quadrado
6. Número conhecido do Boeing, mais 2
9. Um quadrado

Resposta na página 213

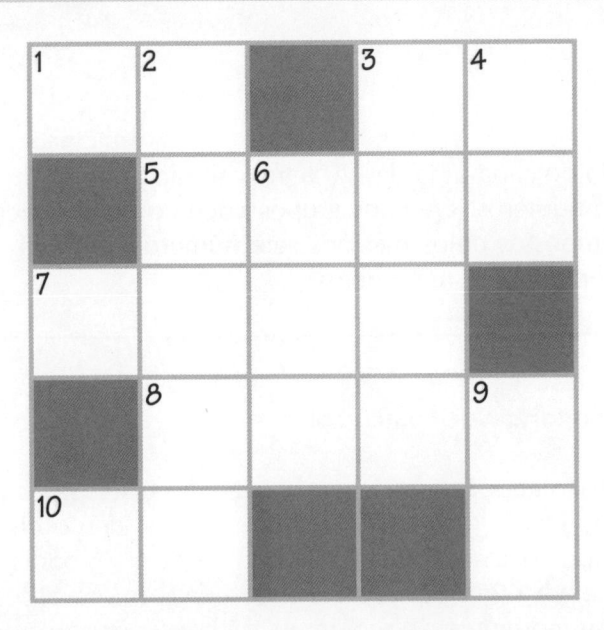

Você sabia...
As mulheres são melhores na memória verbal

Tanto na memória imediata quanto na atrasada verbal, as mulheres se sobressaem aos homens. Quando solicitadas a memorizar uma lista de 16 itens, a maioria das mulheres sabia a lista na segunda repetição, enquanto os homens precisavam de cinco tentativas. Depois de uma nova lista de "interferência" dada como distração, os indivíduos eram solicitados a citar a primeira lista. Novamente, na média, as mulheres pontuaram mais alto que os homens.

DICA: Dia da Independência.

Digi-tais

Médio

Orientações

Ao lado de cada uma das 20 letras, no lado oposto, há um grupo de sete números. Quantos grupos você consegue encontrar, que são compostos pelos mesmos sete números, embora não necessariamente na mesma ordem?

Você sabia...
Deitar cedo torna você mais sábio

A prática escolar de rachar de estudar até a exaustão pode levar ao fracasso, ao invés de ao sucesso. Pesquisadores descobriram que, para a maioria das pessoas, são necessárias de 6 a 8 horas de sono para haver um ótimo aprendizado de novas informações. Especialmente importantes são as primeiras 2 horas de sono, chamadas de sono de ondas curtas, e as duas horas finais de sono, chamadas de REM ou sono dos sonhos. Durante essas fases do sono, o cérebro classifica, arquiva e armazena os dados, de modo que eles possam ser recuperados quando necessários. Os estudantes que procuram fazer uma lista dos melhores alunos poderiam querer fechar seus livros e deitar cedo na noite anterior a uma prova.

Resposta na página 213

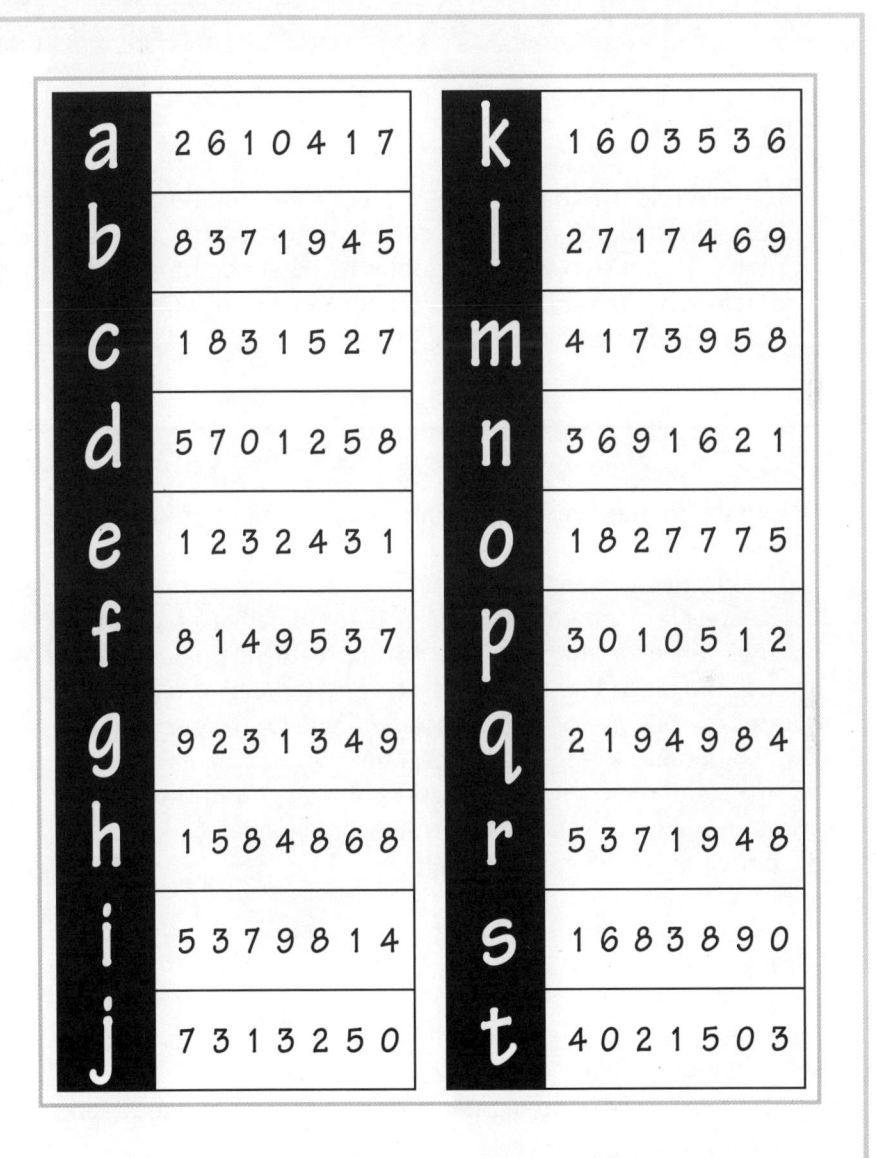

a	2 6 1 0 4 1 7
b	8 3 7 1 9 4 5
c	1 8 3 1 5 2 7
d	5 7 0 1 2 5 8
e	1 2 3 2 4 3 1
f	8 1 4 9 5 3 7
g	9 2 3 1 3 4 9
h	1 5 8 4 8 6 8
i	5 3 7 9 8 1 4
j	7 3 1 3 2 5 0

k	1 6 0 3 5 3 6
l	2 7 1 7 4 6 9
m	4 1 7 3 9 5 8
n	3 6 9 1 6 2 1
o	1 8 2 7 7 7 5
p	3 0 1 0 5 1 2
q	2 1 9 4 9 8 4
r	5 3 7 1 9 4 8
s	1 6 8 3 8 9 0
t	4 0 2 1 5 0 3

DICA: Há cinco grupos com os mesmos números.

Círculos dentro de Círculos

Nível inicial

Orientações

Este exercício trabalha o seu cérebro em círculos. O número 1, bem circulado, é rodeado por seis outros números – todos diferentes. Pesquise o vaso para obter as nove combinações similares adicionais: um número rodeado por seis outros números, com nenhum sendo parecido.

Você sabia...
O som da linguagem é importante para a compreensão

O cérebro usa truques especiais para discriminar e traduzir as sílabas faladas rapidamente em palavras significativas, e converter os padrões de letras em uma página impressa nas palavras faladas com significado. Em ambos os casos, é crucial a habilidade de reter os sons na memória "operacional" de curto prazo.

Para entender o significado de qualquer frase, o cérebro deve reter na memória a ideia iniciada pelas palavras, na primeira parte da frase, enquanto os olhos ou os ouvidos pegam as palavras na última parte – exatamente como você fez quando leu isto. Se uma criança que está aprendendo a ler, também pode ouvir as palavras com a sua "orelha da mente", ela pode reter na memória o som do início da frase por tempo suficiente para acrescentar significado ao que a segunda metade da frase expressa.

Resposta na página 213

DICA: Comece com o número 1 no segundo círculo, a partir da parte inferior.

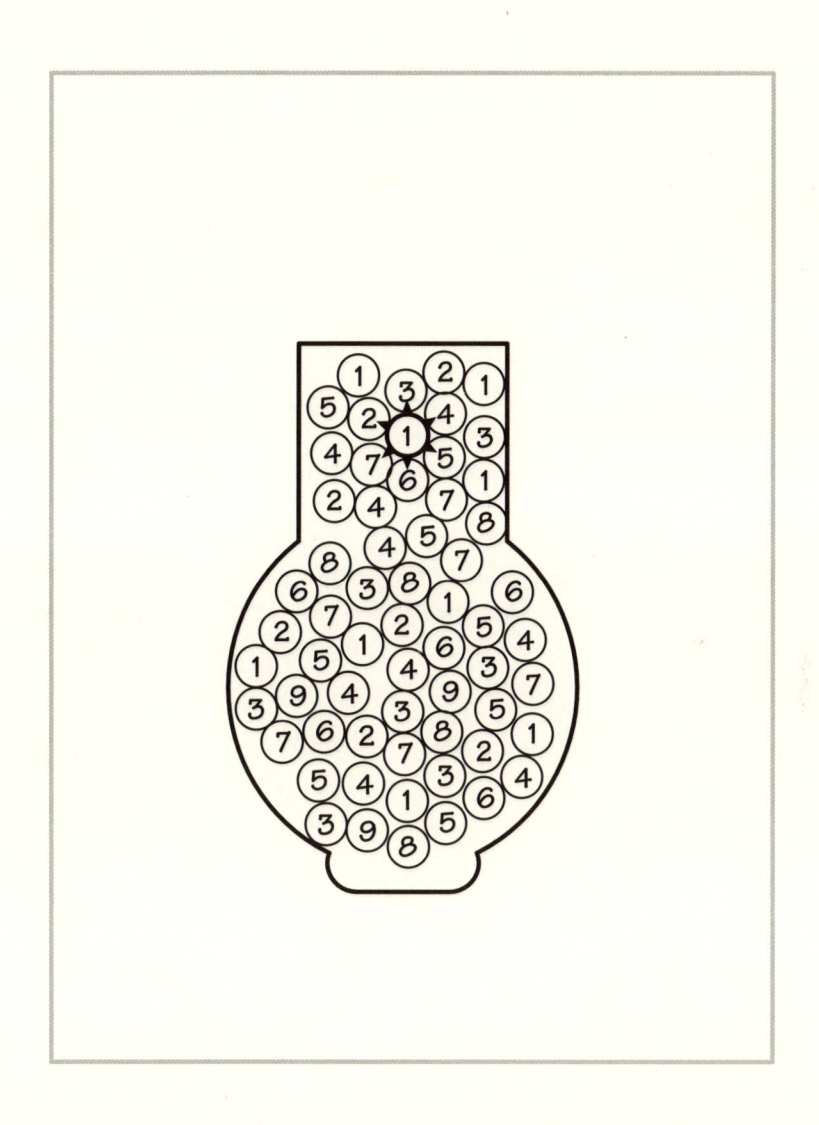

Citações

Pág. 46 Gur, Ruben C., doutor. *Sex Differences in Learning. Using Brain Research to Reshape Classroom Practice.* De uma apresentação na Learning and the Brain Conference. Boston, MA, 7-9 de novembro de 1999.

Pág. 48 Park, Denise, doutora. The Center of Applied Cognitive Research on Aging, University of Michigan. De uma apresentação na Science of Cognition Conference. Library of Congress, Washington, D.C., 6 de dezembro de 1999.

Pág. 51 Park, Denise, doutora.

Pág. 52 Diamond, Adele. Conferência "Learning and the Brain". Boston, MA, 7-9 de novembro de 1999.

Pág. 55 Petersen, Steven E., doutor. Department of Neurology and Neurological Surgery, Washington University School of Medicine. De uma apresentação na Science of Cognition Conference, Library of Congress, Washington, D.C., 6 de outubro de 1999.

Pág. 57 McEwen, Bruce, doutor, diretor do Hatch Laboratory of Neuroendocrinology, Rockefeller University. De uma apresentação na Science of Cognition Conference, Library of Congress, Washington, D.C., 6 de outubro de 1999.

Pág. 59 Chen, Agnes Sl., Yim-Chi Ho e Mei-Chun Cheung (1998). Nature 396:128.

Pág. 61 Gur, Ruben C., doutor.

Pág. 62 Stickgold, R. *et al.* (2000). *Visual discrimination task improvement: a multi-step process occurring during sleep.* Journal of Cognitive Neuroscience 12/2:246-54.

Pág. 64 Eden, Guinevere, doutor, Georgetown University Medical Center. De uma apresentação na Science of Cognition Conference, Library of Congress, Washington, D.C., 6 de outubro de 1999.

Seção Três

CÁLCULO

Qual parte do seu cérebro você exercitará ao trabalhar nas tarefas da Seção de Cálculo? Muitos pesquisadores acreditam que existem estilos diferentes de processar informações associadas a cada um dos hemisférios do seu cérebro. O esquerdo executa o processo analítico, linear e em série; ele vê cada árvore da floresta, analisando e inspecionando laboriosamente uma de cada vez. O direito se dedica ao processo sintético, simultâneo, paralelo; rapidamente, ele dimensiona a forma e a textura da floresta inteira.

A linguagem e a matemática podem parecer estritamente lineares, portanto, são habilidades do lado esquerdo do cérebro. As duas manipulam unidades de som e visão (fonemas, sílabas, dígitos e símbolos), que podem ser combinadas de muitas maneiras, de acordo com as regras. Porém, as habilidades complexas da solução de problemas como essas devem recorrer aos sistemas nos dois hemisférios. Por exemplo, a percepção que levou Einstein à sua teoria da relatividade aconteceu quando ele observou o movimento dos ponteiros no relógio da prefeitura através da janela do bonde em movimento a caminho do trabalho. Aquela percepção de tempo e espaço foi feita pelo lado direito do cérebro. O cuidadoso processo de traduzir tal percepção em números foi realizado com o lado esquerdo do cérebro.

Dois dos formatos de quebra-cabeças nesta seção são muito parecidos com palavras cruzadas com números, ao invés de palavras. As respostas encaixadas pelas pistas ajudam a eliminar as respostas erradas. A estratégia é preencher com respostas óbvias, enquanto que as pistas extras reduzem as possibilidades das outras. Por exemplo, dê uma olhada no fragmento simplificado na próxima página. Se você observar cada pista de uma vez, verá que cada uma sugere múltiplas soluções. Qualquer linha de quadrados, se vistos isoladamente, poderia ser preenchida com qualquer uma das diversas respostas, mas, apenas algumas daquelas respostas poderiam ser compatíveis com as pistas dadas nas linhas que cortam os quadrados.

Pistas:

1. Horizontal	13 x 1, 2 ou 3 Quadro numérico
3. Horizontal	Um palíndromo; o primeiro dígito é a raiz quadrada dos dois últimos
2. Vertical	Um quadrado

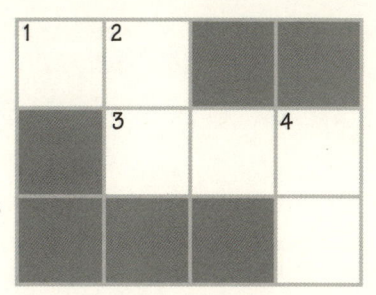

Por exemplo, 1 Horizontal poderia ser 13, 26 ou 39 e 2 Vertical poderia ser 16, 25, 36, 49, 64 ou 81. No entanto, visto que o segundo dígito de 1 Horizontal também é o primeiro dígito de 2 Vertical, o último só poderia ser 36 ou 64.

Portanto, 3 Horizontal deve começar com 6 ou 4. Digamos que ele comece com 6. Visto que a resposta deve ser um palíndromo (um número que pode ser lido da mesma forma da frente para trás ou de trás para frente) e o primeiro dígito deve ser a raiz quadrada dos dois últimos, a resposta poderia ser 636. E quanto à outra possibilidade? Se 3 Horizontal começar com 4, então os dois dígitos seguintes teriam que ser 16, pela exigência da raiz quadrada – mas, então, ele não seria um palíndromo. Portanto, 3 Horizontal deve ser 636, 2 Vertical deve ser 36, 1 Horizontal deve ser 13.

Revendo alguns termos: Um "quadrado" de qualquer número (digamos, 3) é o número que você obtém quando o multiplica por si mesmo (9). A "raiz quadrada" é o número com o qual você iniciou (3). Um "cubo" resulta da multiplicação daquela resposta novamente por si própria (81). Um número "primo" é qualquer um que não pode ser dividido igualmente, exceto por 1 e por ele mesmo (por exemplo, 3 ou 7 são, mas 6 ou 21 não). "Dígitos" são os números básicos em um sistema ou conjunto. Em nosso sistema decimal, eles são de 0 a 10; no código do sistema binário, eles são 0 e 1. "Inteiros" são os números que você diz ao contar.

Divirta-se!

Mais Aventura

Nível inicial

Orientações

Resolva este enigma como você faria com uma palavra cruzada, usando números encaixados, ao invés de palavras. Escreva um único dígito em cada quadrado, de modo que a soma dos dígitos seja igual ao total dado para aquela linha ou coluna nas pistas Horizontal e Vertical. Por exemplo, a soma dos dígitos nas caixas de 1 Horizontal devem totalizar 13. Nenhum número é usado mais de uma vez em qualquer resposta e o zero não é usado. Os dígitos que já estão no lugar estão certos, portanto, use-os como pontos de referência para ajudá-lo a começar.

Você sabia...
Use a matemática, não a perca

Enquanto as habilidades da linguagem tendem a se aperfeiçoar com a idade, a capacidade de realizar rapidamente problemas complexos com números diminui. Até mesmo os matemáticos experientes passarão por esse declínio de desempenho relacionado com a idade. No entanto, é possível diminuir os declínios relativos à idade no desempenho da matemática exercitando os circuitos matemáticos. Por exemplo, trabalhe com enigmas de números, componha equações matemáticas para expressar um problema, avalie o saldo do seu talão de cheques de cabeça ou faça a soma do custo total de suas compras na mercearia enquanto espera na fila da caixa.

Resposta na página 213

Pistas
Horizontal

1. 13
3. 13
5. 22
8. 8
10. 17
11. 15
12. 11
13. 12
15. 17
17. 13
18. 12

Vertical

2. 16
3. 15
4. 5
6. 16
7. 15
9. 13
10. 20
12. 9
14. 8
15. 14
16. 16

DICA: Todos os números nas linhas e colunas terminam com dígitos ímpares.

Resumindo Avançado

Orientações

Resolva este enigma como você faria com uma palavra cruzada, usando números encaixados, ao invés de palavras. Escreva um único dígito em cada quadrado, de modo que a soma dos dígitos seja igual ao total dado para aquela linha ou coluna nas pistas Horizontal e Vertical. Por exemplo, a soma dos dígitos nas caixas de 1 Horizontal devem totalizar 34. Nenhum número é usado mais de uma vez em qualquer resposta e o zero não é usado. Os dígitos que já estão no lugar estão certos.

Pistas

Horizontal		Vertical	
1. 34	12. 28	1. 28	9. 20
5. 17	14. 24	2. 21	11. 28
6. 11	17. 20	3. 10	13. 24
8. 30	18. 33	4. 17	15. 11
10. 16		5. 32	15. 13
11. 15		7. 31	

Você sabia...
Cálculo e quantidade são dois conceitos diferentes

Ainda que o seu filho possa ser capaz de contar até 10, isso não significa que ele entende que a palavra número representa uma quantidade. Empilhe 9 blocos e peça para a criança contá-los. Em seguida, aponte para a pilha e pergunte quantos blocos você colocou na pilha. Se ele tiver que contar de novo, ele ainda não entendeu o conceito de que o último número contado em uma sequência significa a quantidade do conjunto inteiro.

Resposta na página 213

DICA: O dígito 5 nunca é usado neste enigma.

Adendo e Eva?

Nível inicial

Orientações

Solucione este enigma como você faria com uma palavra cruzada, encaixando números, ao invés de palavras. Escreva um único dígito em cada quadrado, de modo que a soma dos dígitos seja igual ao total dado naquela linha ou coluna nas pistas Horizontal e Vertical. Por exemplo, a soma dos dígitos nos quadrados de 1 Horizontal deve totalizar 5. Nenhum número é usado mais de uma vez em qualquer resposta e o zero não é usado. Use os quatro dígitos certos já inseridos como pontos de referência, para ajudá-lo a começar com o pé direito.

Você sabia...
Quais partes do cérebro são acionadas ao lidar com a Matemática em sua cabeça?

A Matemática simples é feita no *giro angular esquerdo* e nos *córtices medianos parietais*, os quais produzem representações numéricas durante o cálculo exato e recuperam da memória fatos aritméticos. Tarefas com cálculos mais complexos, envolvendo a aplicação de regras, usam as áreas *frontais esquerdas inferiores*, também usadas para a linguagem e pela Memória Operacional (o tipo usado ao, digamos, multiplicar 89 por 91 em sua cabeça, onde alguns dados devem ser mantidos na mente, enquanto outros, ainda que relacionados, são processados).

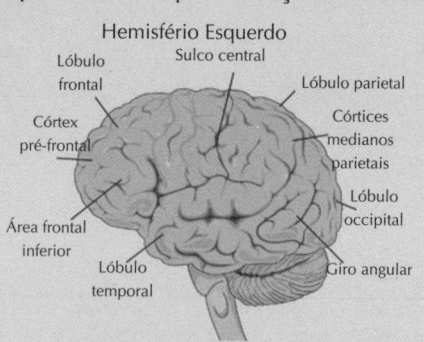

Hemisfério Esquerdo
Lóbulo frontal
Sulco central
Lóbulo parietal
Córtex pré-frontal
Córtices medianos parietais
Lóbulo occipital
Área frontal inferior
Lóbulo temporal
Giro angular

Resposta na página 214

Pistas
Horizontal
1. 5
3. 5
6. 23
9. 14
11. 17
12. 26
13. 15
14. 8
16. 18
18. 17
19. 12

Vertical
2. 12
3. 9
5. 13
7. 35
8. 15
10. 17
11. 23
13. 13
15. 10
16. 12
17. 14

DICA: Todos os números nas linhas e colunas terminam com dígitos pares.

Prazeres que Viciam

Médio

Orientações

Solucione este enigma como você faria com uma palavra cruzada, encaixando números, ao invés de palavras. Escreva um único dígito em cada quadrado, de modo que a soma dos dígitos seja igual ao total dado naquela linha ou coluna nas pistas Horizontal e Vertical. Por exemplo, a soma dos dígitos nos quadrados de 1 Horizontal deve totalizar 35. Nenhum número é usado mais de uma vez em qualquer resposta e o zero não é usado. Os números inseridos estão corretos.

Pistas

Horizontal
1. 35
5. 15
6. 20
8. 30
10. 12
11. 20
13. 13
15. 24
17. 22
19. 20
20. 30

Vertical
1. 20
2. 26
3. 17
4. 24
5. 34
7. 32
9. 18
12. 23
14. 16
16. 15
18. 16

Você sabia...
O dano no lado esquerdo do cérebro pode interferir no cálculo

Às vezes, um dano no lado esquerdo do cérebro pode ocasionar uma condição referenciada como *acalculia*. Os pacientes que sofrem de acalculia geralmente são capazes de dar uma resposta a um problema matemático fácil, decorado, tal como 3 + 3 = 6. Entretanto, se o problema for complexo e envolver um cálculo, tal como 13 + 43, esses pacientes não terão a capacidade de calcular e responder.

Resposta na página 214

	1	2		3	4	
			7			
5				6		7
8			9		10	
7		11		12		**8**
13	14		15		16	
17		18		19		
	20		**6**			

DICA: *Não há nenhum número 1 e todos os números nas linhas e colunas terminam com dígitos ímpares.*

Some e Calcule!

Médio

Orientações

Solucione este enigma como você faria com uma palavra cruzada, encaixando números, ao invés de palavras. Escreva um único dígito em cada quadrado, de modo que a soma dos dígitos seja igual ao total dado naquela linha ou coluna nas pistas Horizontal e Vertical. Por exemplo, a soma dos dígitos nos quadrados de 1 Horizontal deve totalizar 30. Nenhum número é usado mais de uma vez em qualquer resposta e o zero não é usado. Inserimos alguns dígitos corretos para você começar.

Pistas

Horizontal		Vertical	
1. 30	12. 20	1. 32	10. 10
6. 20	13. 15	2. 16	13. 23
7. 13	15. 15	3. 13	14. 19
8. 14	16. 15	4. 25	16. 15
9. 11	17. 29	5. 13	
11. 8		7. 18	

Você sabia...
Os recém-nascidos só percebem a diferença em quantidade até 3 ou 4

Um bebê parece distinguir diferenças na quantidade numérica. Quando é mostrada uma imagem de 3 pontos a um recém-nascido, ele fica atento. Depois de ver repetidamente a imagem, ele age com indiferença (se acostuma). Mudar a quantidade de pontos aguça novamente o seu interesse, desde que eles variem de 1 a 3 (às vezes, 4). Os recém-nascidos não podem discriminar diferenças acima de 3 ou 4, portanto, eles não reagem. Aquelas contas maiores são demais para o cérebro de um recém-nascido processar, até muitos meses depois em seu desenvolvimento.

Resposta na página 214

DICA: Todos os números nas linhas e colunas terminam com dígitos pares.

Aviso Ante-cipado   Avançado

Orientações

Solucione este enigma como você faria com uma palavra cruzada, encaixando números, ao invés de palavras. Escreva um único dígito em cada quadrado, de modo que a soma dos dígitos seja igual ao total dado naquela linha ou coluna nas pistas Horizontal e Vertical. Por exemplo, a soma dos dígitos nos quadrados de 1 Horizontal deve totalizar 18. Nenhum número é usado mais de uma vez em qualquer resposta e o zero não é usado. Inserimos alguns dígitos certos como pontos de referência.

Pistas

Horizontal		Vertical	
1. 18	15. 20	1. 25	11. 33
3. 19	16. 30	2. 15	15. 26
7. 13	18. 17	4. 13	17. 23
9. 22	19. 24	5. 27	20. 15
11. 13	21. 12	6. 13	22. 14
12. 28	24. 27	8. 34	23. 16
13. 25	25. 24	9. 32	
14. 20		10. 35	

Resposta na página 214

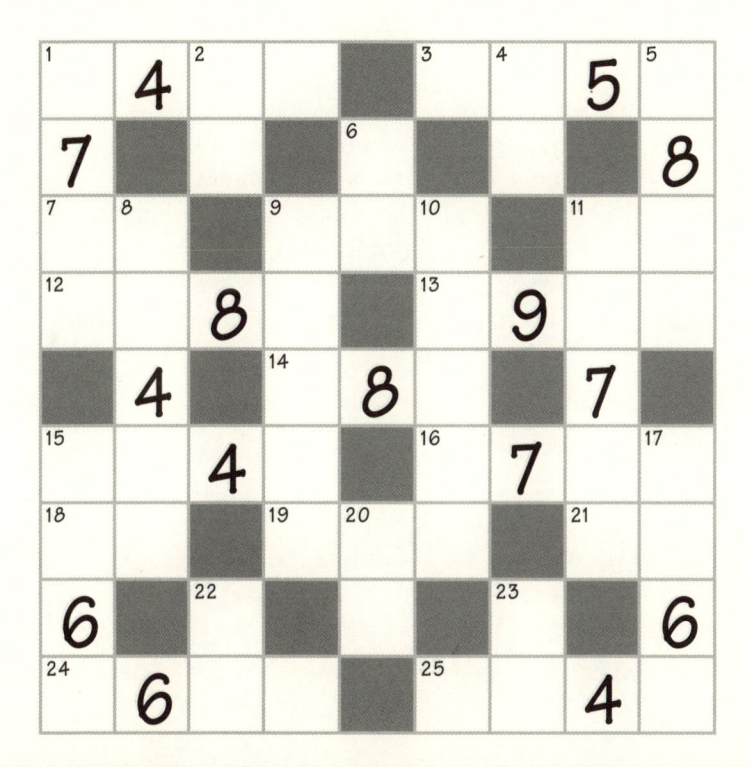

Você sabia...
Uma misteriosa afinidade com os 7s

O cérebro parece impor um limite ao lembrar uma sequência de números com sete dígitos. Muitos sistemas são baseados nesse limite: dias da semana, números de telefones e notas na escala musical, por exemplo.

DICA: 1 e 2 não são usados.

Adições e Pares

Avançado

Orientações

Resolva este enigma como você faria com uma palavra cruzada, encaixando números, ao invés de palavras. Escreva um único dígito em cada quadrado, de modo que a soma dos dígitos seja igual ao total dado naquela linha ou coluna nas pistas Horizontal e Vertical. Por exemplo, a soma dos dígitos nos quadrados de 1 Horizontal deve totalizar 18. Nenhum número é usado mais de uma vez em qualquer resposta e o zero não é usado. Os números fornecidos estão corretos.

Pistas

Horizontal		Vertical	
1. 18	17. 26	1. 18	16. 35
4. 8	19. 21	2. 35	18. 35
7. 11	21. 14	3. 23	20. 22
8. 22	23. 17	5. 16	22. 18
9. 17	25. 13	6. 29	24. 18
10. 23	26. 22	11. 24	
12. 12	27. 11	12. 20	
13. 39	28. 18	14. 13	
16. 26	29. 21	15. 21	

Você sabia...
As palavras japonesas para os números os ajudam a aprender Matemática cedo

Os japoneses aprendem a contar mais cedo que as crianças de língua inglesa, em parte, porque os nomes para números entre 10 e 100 representam os números de 1 até 9. Por exemplo, o número 10 é chamado de "zyuu" e o número 2 é "ni". O nome do número para 12 é "zyuuni" ou 10 + 2. Além de ajudar nas habilidades de contar, o sistema japonês de nome do número ensina o conceito de quantidade, facilitando entender a adição.

Resposta na página 214

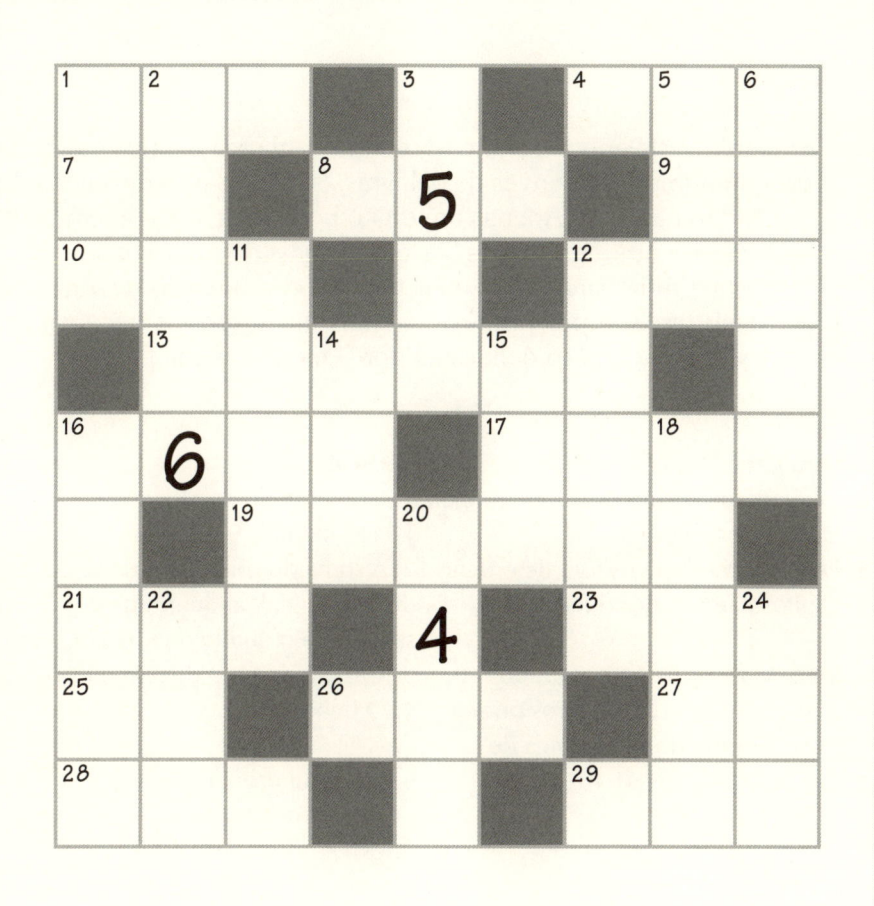

DICA: Todos os números nas linhas e colunas terminam com dígitos pares.

Dança dos Quadrados

Médio

Orientações

Solucione este enigma como você faria com uma palavra cruzada, usando números, ao invés de palavras. Só são usados os dígitos de 1 a 9; não há zeros. Apenas um dígito pode ser colocado em cada quadrado e um dígito pode ser usado mais de uma vez em uma resposta. Onde parece que mais de uma combinação de dígitos é possível, procure por pistas adicionais nas respostas encaixadas. Um número primo só é divisível por si mesmo e por 1.

Pistas

Horizontal
1. O quadrado de um quadrado (ímpar)
3. Dígitos consecutivos
5. Dígitos consecutivos fora de ordem
7. Dígitos pares, todos diferentes
8. Doze vezes um número primo
9. O produto de dois números primos
10. O quadrado da raiz cúbica de 6 vertical

Vertical
1. Um múltiplo da raiz quadrada de 10 Horizontal
2. A soma do primeiro e do terceiro dígitos é igual ao quarto dígito; o segundo e o quinto dígitos são iguais
3. Um palíndromo de números pares
4. O cubo de um cubo (par)
6. Um palíndromo que é o cubo de um número primo
8. Um número 'trombone'

Você sabia...
"Separar em pedaços" ajuda a lembrar os números

A maioria das pessoas não consegue lembrar adequadamente de uma longa série de números. A solução é agrupar sequências de dois ou três dígitos em "pedaços".

Resposta na página 214

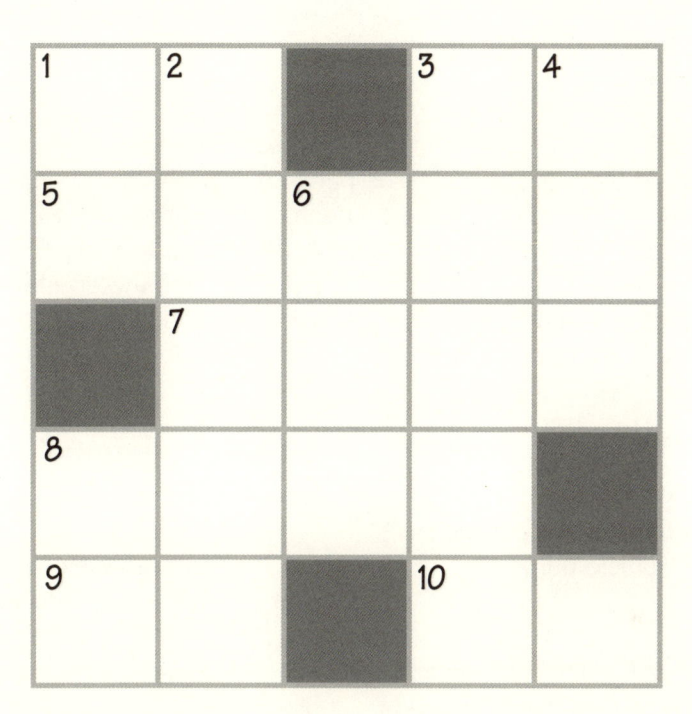

Por exemplo, ao guardar na mente um número de telefone de 10 dígitos tempo o suficiente para fazer a ligação, a maioria das pessoas precisa agrupar e separar o código de área e pode combinar os demais dígitos únicos em números de dois dígitos (6, 1, 0 como seis-dez). Elas decoram os números da carteira de identidade, memorizando os pedaços como grupos rítmicos, fazendo uma pausa entre os hifens.

DICA: 1 Horizontal é 81.

Horário Nobre

Médio

Orientações

Resolva este enigma como você faria com uma palavra cruzada, usando números, ao invés de palavras. São usados apenas os dígitos de 1 a 9; não há zeros. Apenas um dígito pode ser colocado em cada quadrado e um dígito pode ser usado mais de uma vez em uma resposta. Onde parece que mais de uma combinação de dígitos é possível, procure por pistas adicionais nas respostas encaixadas. Um número primo só é divisível por si próprio e por 1.

Pistas

Horizontal
1. O quadrado do terceiro menor é igual à número primo

3. O quadrado de um número arábico que se parece com um 2 romano

4. Um número ímpar que é 30 menos do que seria de cabeça para baixo
6. Onion Market Day em Berna, Suíça

8. O quadrado de um número primo maior que 1 Horizontal e menor que 3 Horizontal
9. O quadrado seguinte depois de 8 Horizontal

Vertical
1. A soma dos dois últimos soma dos três primeiros dígitos

2. O segundo e o terceiro dígitos são iguais
3. O quadrado de um número par que, ele próprio, é um quadrado

5. O quadrado seguinte depois de 3 Horizontal
7. A soma de seus dígitos é a raiz quadrada de 9 Horizontal

Resposta na página 214

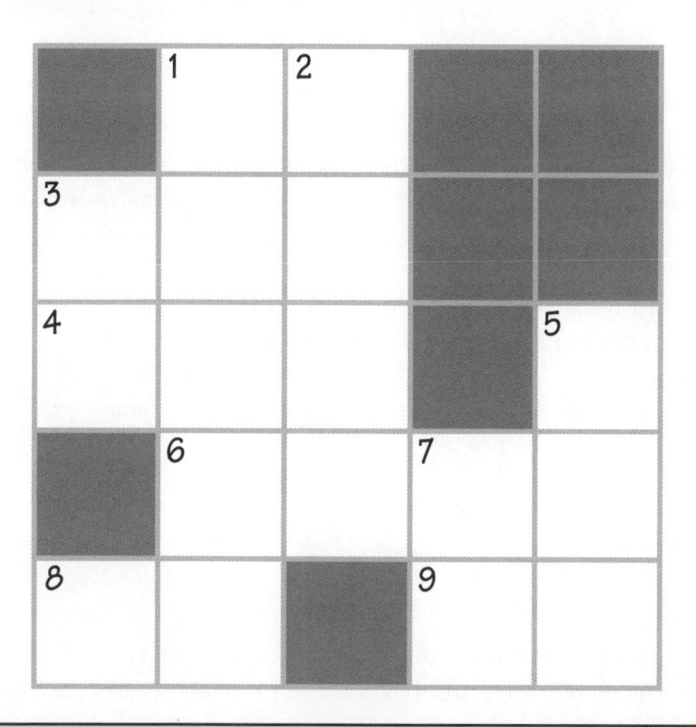

Você sabia...
A privação de sono leva a um cálculo ruim

Uma boa noite de sono é importante para o alto funcionamento no desempenho matemático do cérebro. Quando formandos em Matemática eram acordados de um sono reparador depois de ficar 48 horas acordados, eles se mostravam incapazes de calcular sequer um simples problema matemático. O cérebro precisa de sono adequado para calcular e responder adequadamente as equações numéricas.

DICA: 6 Horizontal é 1124.

Contraespionagem

Médio

Orientações

Solucione este enigma como você faria com uma palavra cruzada, usando números, ao invés de palavras. Só são usados os dígitos de 1 a 9; não há zeros. Apenas um dígito pode ser colocado em cada quadrado e um dígito pode ser usado mais de uma vez em uma resposta. Onde parece que mais de uma combinação de dígitos é possível, procure por pistas adicionais nas respostas encaixadas. Um número primo só é divisível por si próprio e por 1.

Pistas

Horizontal
1. Dois mais do que 8 Vertical
3. Dez mais do que 1 Horizontal
5. O primeiro dia de inverno
7. O sétimo dia do Chanucá
8. Dia de Natal
10. O quadrado de um número par que é um cubo por si mesmo
11. Um múltiplo de 1 Horizontal

Vertical
2. O quadrado de um número ímpar
3. Os primeiros três dígitos são iguais, assim como os dois últimos
4. A soma dos dois primeiros dígitos é igual ao terceiro
6. Ponto de ebulição
8. O quadrado de um número par
9. O segundo dígito é o dobro do primeiro

Resposta na página 214

Você sabia...
O gênio especial de Einstein era o lado direito do cérebro

O grande físico não era um gênio em Matemática. Na escola, ele lutou com o aprendizado do lado esquerdo do cérebro: as habilidades de cálculo e linguagem (leitura, escrita e ortografia). Ele não aprendeu a falar senão aos três anos de idade. Durante toda a sua vida, a maior parte do seu pensamento era sem palavras. As extraordinárias habilidades com o lado direito do cérebro o equiparam para visualizar conceitos nas configurações de tempo e espaço. Ele lutou muito para traduzir suas percepções na Matemática.

DICA: 7 Horizontal é 129.

Jogos para Ativar o Cérebro

Fatores Contribuintes

Médio

Orientações

Solucione este enigma como você faria com uma palavra cruzada, usando números, ao invés de palavras. São usados apenas os dígitos de 1 a 9; não há zeros. Só um dígito pode ser colocado em cada quadrado e um dígito pode ser usado mais de uma vez em uma resposta. Onde parece que mais de uma combinação de dígitos é possível, procure por pistas adicionais nas respostas encaixadas. Um número primo só é divisível por si próprio e por 1.

Pistas

Horizontal
2. Números consecutivos
4. O cubo de um número ímpar que é um quadrado por si mesmo
6. O segundo dígito é o cubo do primeiro
7. Um múltiplo de 8 Vertical
8. O quadrado de 8 Vertical
9. O cubo do terceiro menor número ímpar possível

Vertical
1. O cubo de 8 Vertical
2. O quadrado de um número ímpar
3. Todos os dígitos pares: a soma dos dois primeiros é igual à soma dos dois últimos que são similares
5. Veja 6 Horizontal
7. Um quarto de três

8. O maior fator comum de 7 Horizontal

Resposta na página 214

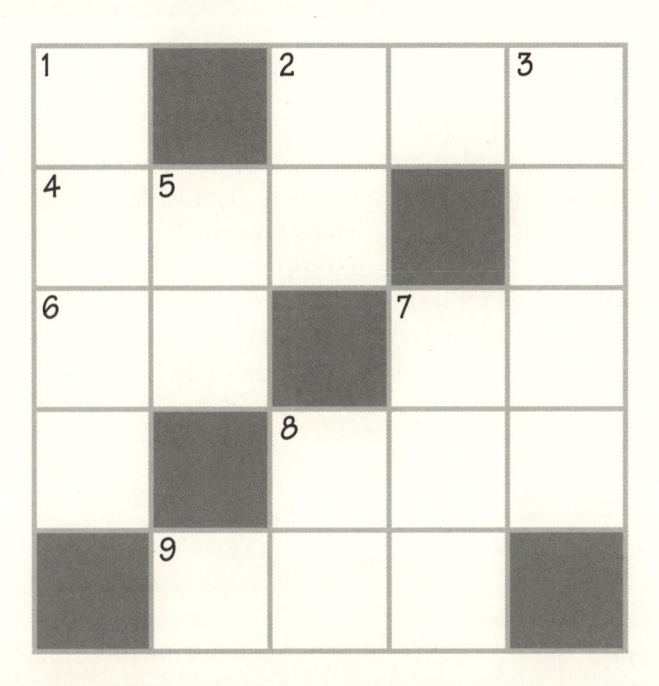

Você sabia...
Os canhotos se sobressaem em cálculo

Estudos sobre as habilidades dos canhotos versus destros para solucionar tarefas matemáticas atribuem um desempenho superior aos canhotos por eles não serem especializados no hemisfério direito, como a maioria dos destros. As áreas do cérebro que os canhotos usam para processar a Matemática são mais distribuídas nos dois hemisférios. A vantagem deles vem de uma superioridade de processamento "mais cerebral" em relação aos destros para a computação matemática e o cálculo.

DICA: 4 Horizontal é 729

Causas Fundamentais

Avançado

Orientações

Solucione este enigma como você faria com uma palavra cruzada, usando números, ao invés de palavras. São usados apenas os dígitos de 1 a 9; não há zeros. Só um dígito pode ser colocado em cada quadrado e um dígito pode ser usado mais de uma vez em uma resposta. Onde parece que mais de uma combinação de dígitos é possível, procure por pistas adicionais nas respostas encaixadas. Um número primo só é divisível por si próprio e por 1.

Pistas

Horizontal
1. Dígitos consecutivos

5. Um número "variável"
6. A soma de 1 Horizontal e 9 Horizontal

8. O quadrado de um número que, ele mesmo, é um quadrado (par)

9. O inverso de 1 Horizontal

Vertical
2. O quadrado de um número que, ele mesmo, é um quadrado (par)

3. A soma dos dois primeiros dígitos é igual à soma dos três últimos

4. A soma dos dois primeiros dígitos é igual ao último dígito

6. O quadrado do número que, ele mesmo, é um quadrado (ímpar)
7. Um número divisível por 2, mas não por 4

Resposta na página 215

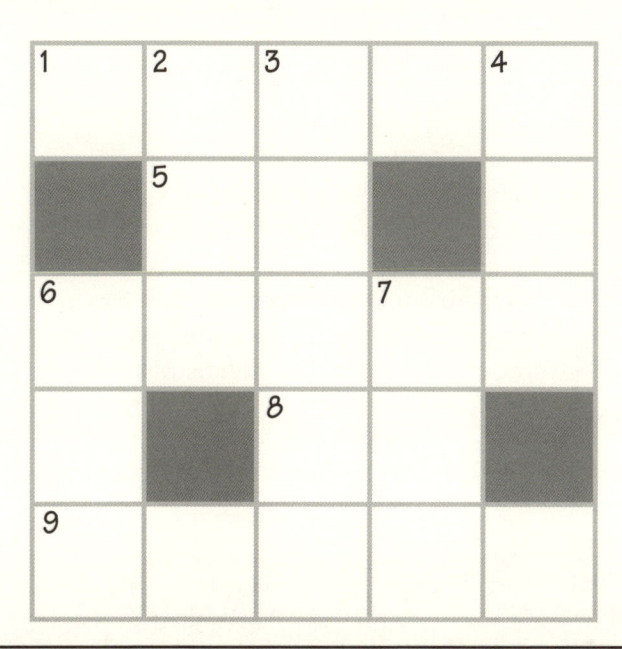

Você sabia...
Os sábios podem sofrer de déficit no lado direito do cérebro

Pessoas com uma rara habilidade, mas com baixo QI testado, geralmente não pontuam pouco em testes de inteligência geral, o que tende a favorecer as habilidades do hemisfério esquerdo, tais como a compreensão da linguagem, mas, elas mostram uma habilidade extraordinária. É uma capacidade de cálculo que surge para a Matemática, mas pode ser visual. Rapidamente, elas podem dizer a você em qual dia determinado no futuro uma data cairá. Um estudo realizado com gêmeos sábios, que podiam dizer o dia da semana de qualquer data de 8.000 anos atrás, sugeriu que eles podiam sofrer de uma disfunção no lado esquerdo do cérebro, forçando a assumir o controle as áreas dos hemisférios direitos mais visuais e espaciais.

DICA: 5 Horizontal é 57.

Falando de Modo Figurado

Médio

Orientações

Resolva este enigma como você faria com uma palavra cruzada, usando números, ao invés de palavras. São usados apenas os dígitos de 1 a 9; não há zeros. Só um dígito pode ser colocado em cada quadrado e um dígito pode ser usado mais de uma vez em uma resposta. Onde parece que mais de uma combinação de dígitos é possível, procure por pistas adicionais nas respostas encaixadas. Um número primo só é divisível por si próprio e por 1.

Pistas

Horizontal
1. Dígitos consecutivos, todos ímpares
5. O cubo simétrico de um dígito em 1 Horizontal
6. O quadrado de um dígito em 1 Horizontal; a soma dos seus dígitos é igual à raiz

7. O quadrado de um dígito em 1 Horizontal
8. O quadrado simétrico de um número primo
10. Dígitos consecutivos

Vertical
2. A soma dos dois primeiros dígitos é igual à soma dos últimos três
3. Dígitos consecutivos
4. A soma dos últimos três dígitos é igual ao produto dos dois primeiros
9. O cubo de um dígito em 1 Horizontal

Resposta na página 215

Você sabia...
A diminuição da testosterona leva a uma perda de habilidade em Matemática

Os homens tendem a ser melhores do que as mulheres em Matemática, no entanto, ambos mostrarão declínio na habilidade matemática com a idade. Estudos do cérebro de homens mostram que o hipocampo, uma estrutura que processa os problemas matemáticos e espaciais, declina mais rapidamente nos homens e é diretamente afetado pela diminuição dos níveis de testosterona. Visto que os níveis de testosterona são mais altos nos homens adultos jovens, isso explica por que a maior parte dos prodígios matemáticos são homens e por que esses prodígios atingem o ápice de sua experiência por volta dos 20 anos, e dali em diante, declinam na habilidade.

DICA: Comece com 5 e 8 Horizontal, depois 9 Vertical.

Jogos para Ativar o Cérebro

Surpresas Calculadas

Avançado

Orientações

Solucione este enigma como você faria com uma palavra cruzada, usando números, ao invés de palavras. São usados apenas os dígitos de 1 a 9; não há zeros. Só um dígito pode ser colocado em cada quadrado e um dígito pode ser usado mais de uma vez em uma resposta. Onde parece que mais de uma combinação de dígitos é possível, busque pistas adicionais nas respostas encaixadas. Um número primo só é divisível por si próprio e por 1.

Pistas

Horizontal
1. O primeiro ano na segunda metade do século 18
4. O quadrado simétrico de um número par
6. O quadrado de um número ímpar que, ele próprio, é um quadrado
7. Metade do maior fator comum de 3 Vertical
8. A soma do quarto e quinto dígitos é a metade da raiz quadrada de 4 Horizontal; os primeiros três são unidades
10. O quadrado de um número par que é um a mais que a raiz quadrada de 1 Vertical

Vertical
1. O quadrado de um número primo cuja raiz é um a menos que a raiz quadrada de 10 Horizontal
2. Os primeiros dois dígitos são um múltiplo dos dois últimos
3. Dígitos consecutivos
5. O quadrado de um número par é quatro a menos que a raiz quadrada de 1 Horizontal
7. O quadrado de 7 Horizontal
9. Um número primo

Resposta na página 215

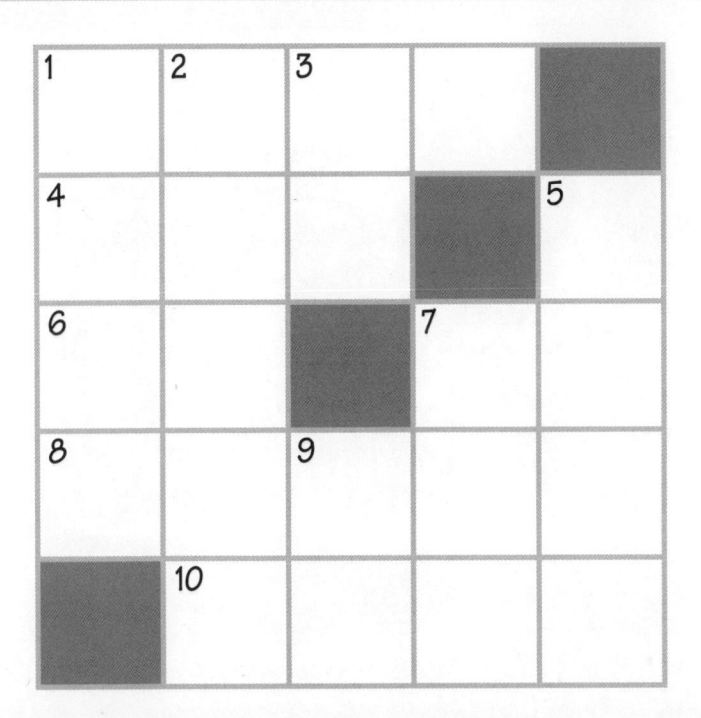

Você sabia...
As habilidades com números e linguagem são interdependentes

A habilidade matemática depende das habilidades de linguagem para nomear números e fórmulas matemáticas. Entretanto, as tarefas da linguagem e do cálculo são processadas em áreas diferentes do cérebro. Estudos documentados foram feitos no cérebro danificado de pessoas que podem calcular com precisão, mas não são capazes de nomear os números ou as operações usadas no cálculo. Por outro lado, há pessoas com dano cerebral que podem nomear números e contar, mas não têm a habilidade de calcular e solucionar problemas matemáticos.

DICA: 1 Horizontal é 1751.

Contagem Regressiva

Nível inicial

Treze estudantes se interessam por rúgbi e querem formar uma equipe, que jogará contra as equipes de outras escolas na cidade. Para escolher um capitão, eles formam um círculo e contarão treze, no sentido horário. Cada vez que o décimo terceiro é atingido, o menino sairá do círculo e a contagem reiniciará, com o menino à esquerda dele. Throckmorton Q. Winstead III, que deseja ser o capitão e está acostumado a conseguir o que deseja do seu jeito, se oferece para contar. Chama a si mesmo de A e seus amigos de B até M. Em qual menino Throckmorton deveria começar a contar para garantir que será o capitão?

Resposta na página 215

Você sabia...
Os especialistas em cálculos usam o cérebro de modo diferente

Estudos feitos com tomografias PET compararam a função cerebral de prodígios em cálculo com um grupo de pessoas normais. Eles revelaram a relação entre o cálculo mental complexo e a recuperação da memória dos fatos matemáticos. Os resultados mostram que os prodígios não demonstram atividade mais intensa nas mesmas áreas do cérebro que os não especialistas usam, no entanto, eles usam *diferentes* áreas do cérebro. Eles conseguem alternar entre as estratégias de intensa armazenagem de curta duração e a memória, altamente capacitada, de codificação e recuperação, um processo mantido pelas áreas cerebrais, direita pré-frontal e temporal mediana.

No entanto, essa competência de processamento cerebral enfraquece com a idade: a maior parte dos prodígios matemáticos atinge o auge da habilidade aos 20 anos de idade. (Portanto, se você não acha que o problema matemático é de "Nível inicial", pode ser porque você ainda não esteja usando o boné virado para trás.)

DICA: Se Throckmorton começar a contar por si mesmo, ele será o segundo a deixar o círculo.

Nem Maçãs nem Laranjas — Médio

Um verdureiro, que vendia produtos orgânicos, estava cheio de boas intenções, mas perdendo dinheiro, reclamou com seu fornecedor que as laranjas eram vendidas como as ações de alta tecnologia da década de 1990, a 45 centavos o grama (um preço justo), mas ninguém estava comprando sua toranja por 60 centavos o grama. Tom sugeriu que o verdureiro combinasse os dois tipos de frutas, empacotando-as proporcionalmente, e vendesse por 50 centavos o grama. O verdureiro pesou 9 kg de toranja, mas não tinha ideia de quantas laranjas seriam necessárias. Mas, o seu fornecedor, ávido para vender sua toranja, veio com a resposta. Você pode fazer isso de cabeça?

Resposta na página 215

Você sabia...
Olhar fixamente para a direita estimula as habilidades matemáticas

Você teme a chegada do dia 15 de abril, pois precisa preencher e mandar a sua declaração de imposto de renda? Você adiou fazer o saldo mensal do seu talão de cheques, pois tarefas envolvendo números o deixam entediado? Na próxima vez que tiver um afazer que envolva cálculo matemático, experimente colocar uma planta, imagem ou item querido do lado direito do seu campo de visão e olhe para isso fixamente, com bastante frequência. Os pesquisadores dizem que olhar para a direita estimula as habilidades matemáticas do lado esquerdo do cérebro e que devem tornar o processo do fluxo matemático mais fácil. Confira – e olhe fixamente para a direita.

DICA: Use "n" para o número exigido de gramas. Esse número vezes o custo por grama é igual ao preço de venda.

Ops, desculpe, Dick!

Nível inicial

No mês passado, quando Dick foi sorteado para uma função de júri, Tom se ofereceu para preparar as faturas, com base nos recibos da loja de ferragens deles. Ele tinha só uma fatura para fazer quando, subitamente, a máquina de calcular elétrica parou de funcionar e ele ficou por conta própria. Com um ligeiro elevar de ombros, Tom calculou o custo de cada item e enviou a declaração mostrada abaixo. Alguns dias depois, ele recebeu a visita de um consumidor furioso, balançando as cópias dos papéis de venda. Dick já tinha voltado da função no júri e viu imediatamente o que Tom tinha feito de errado. Todos os dígitos no custo de cada item eram um dígito maior ou um dígito menor do que deveriam ser. Por exemplo, Tom escreveu 8 quando deveria ter escrito 7 ou 9. Na verdade, Tom só escreveu um valor com os dígitos corretos, que foi o preço do refletor. Dick corrigiu a fatura e o total ficou exatamente em $ 170, fazendo o cliente economizar um pouco mais de $ 100. Você pode calcular o custo certo de cada um dos três itens, para chegar ao total de $ 170?

Fatura	
Colocação de piso	$ 218,49
Torno (de mesa)	26,81
Refletor	25,59
	$ 270,89

Resposta na página 215

Você sabia...
Os fatores sociais influenciam nas desordens mentais

A saúde física e mental é influenciada pelo nosso ambiente social e pela experiência de vida. Frequentemente, uma vida com "momentos difíceis" ocasiona um declínio prematuro na saúde física, saúde mental e habilidades, inclusive as capacidades de cálculo. Aqueles no final da escala, social e economicamente, parecem ter mais problemas com determinadas desordens mentais, tais como a desordem afetiva sazonal (as "depressões invernais"), desordem de ansiedade e abuso de substâncias. Fatores sociais e ambientais, tais como nascimento abaixo do peso, falta de apoio paterno, abuso e negligência, todos influenciam no desenvolvimento de doenças e desordens mentais. No entanto, a vulnerabilidade também depende das escolhas do indivíduo, estilo de vida, acesso às informações e sentimento de autoestima.

DICA: Visto que cada dígito pode ser substituído apenas por outro dígito simples, os noves, se forem os únicos dígitos baixos demais, serão os zeros.

Sacos de Parede a Parede
Nível inicial

Tom e Dick, extraordinários negociantes de ferramentas, também têm um grupo de escoteiros. Quando a escola entrava de férias, no verão, eles levavam o grupo de trinta e dois meninos para as montanhas, para acampar por alguns dias. O abrigo consistia de um único cômodo grande, com espaço para exatamente 14 sacos de dormir ao longo das quatro paredes. Tom designava os espaços conforme mostrado na outra página (A). Quando Dick disse que eles e os dois pais que tinham dirigido também precisariam de espaço para seus sacos de dormir, ele sugeriu um plano alternativo (B).

Depois, foi lembrado que quatro escoteiros tinham trazido com eles os irmãos menores, que pagaram suas próprias viagens, e o plano do cômodo foi mudado novamente para acomodá-los (C).

Tudo correu bem até a última noite no acampamento. Quatro líderes, que tinham feito um curso introdutório de sobrevivência na selva, pediram abrigo por causa de uma forte tempestade. De novo, os sacos de dormir foram mudados (D).

Em todas as vezes, o limite de 14 sacos ao longo de cada parede foi atingido. Como eles conseguiram?

Resposta na página 215

A			B		
6	2	6			
2	32	2		36	
6	2	6			

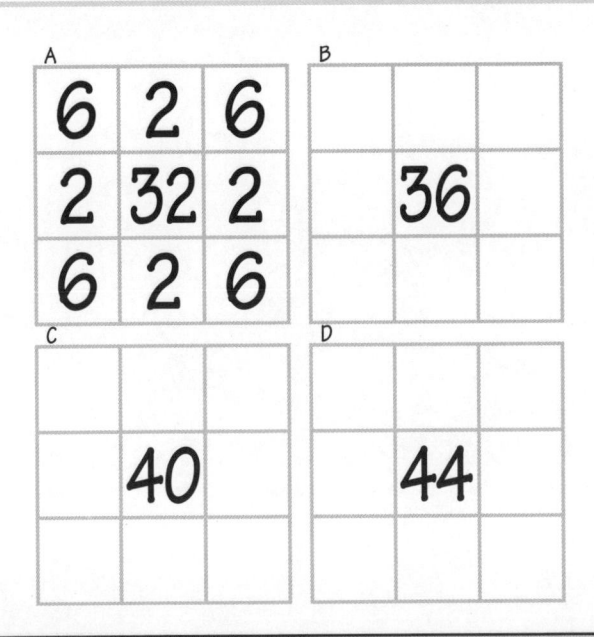

C			D		
	40			44	

Você sabia...
O corpo e o cérebro diferenciam o estresse

Eventos estressantes da vida afetam a saúde do corpo e do cérebro. No entanto, em geral, há uma diferença entre "se sentir estressado" e um estresse verdadeiro. O sistema nervoso simpático inclui as glândulas suprarrenais, as quais produzem tanto adrenalina quanto cortisol. O sistema nervoso autônomo produz catecolamina e regula a produção de cortisol. O estresse, tal como a atividade física, um estado de despertar e o medo estimulam a produção de adrenalina. A produção de cortisol aumenta em ocasiões de estresse mais pronunciado, tal como uma mudança drástica ou ameaça à própria vida, especialmente quando ele se refere a um acontecimento inesperado e emoções fortes.

DICA: Os números nos cantos em B são 5.

Uma Elevação na Estrada — Nível inicial

Em um dia de primavera, um cuidadoso e conservador cavalheiro, Willard C. Haskins, ligou a sua bicicleta motorizada Class C para ir à cidade, a 25 quilômetros de distância, para amolar seu cortador de grama. Esse não era o meio de transporte mais rápido disponível – a sua velocidade máxima era de 30 km por hora – mas, para um homem cauteloso como Willard, parecia mais do que confiável. Willard pegou seu cortador amolado e iniciou a volta às duas horas da tarde. Mas, depois de rodar dois terços do caminho, o seu pneu traseiro furou e ele foi obrigado a caminhar o resto da distância. Willard chegou em casa às 3:30 da tarde e sua esposa quis saber por que tinha demorado tanto. Quando ele explicou, em seus habituais detalhes tediosos, ela disse que ele deveria ter andado mais depressa. Em qual velocidade ele andou?

Resposta na página 215

Você sabia...
A memória melhora com a visualização

Quando um indivíduo memoriza um conjunto de rostos não famosos, em oposição a um conjunto de rostos famosos e imagens de objetos identificáveis, os resultados mostram que a memória depende muito mais de uma função chamada codificação. Os rostos famosos são lembrados com mais facilidade do que os não famosos, porém, de forma imperceptível, mais ou menos que os objetos que podem ser identificados. Para cada tarefa, são usadas partes diferentes do cérebro. Os rostos não famosos requerem uma ativação muito forte do hemisfério direito. Para os objetos nomeáveis e os rostos famosos, os hemisférios esquerdo e direito combinam esforços para codificar as informações. Quando ambas as regiões frontais são usadas, o desempenho da memória é melhor do que ao usar apenas uma região.

Portanto, ao memorizar um grupo de itens não relacionados, tente ver imagens na sua mente, não apenas ouvir as palavras ou ler os símbolos. Pessoas com sinestesia, uma tendência a atribuir dados sensoriais, tais como tons musicais ou cores a números, palavras e nomes dos objetos, geralmente têm lembranças superiores por esse motivo.

DICA: Tom percorreu 16 km com a sua bicicleta motorizada antes do pneu furar.

Dentro dos Limites Médio

Alguns anos mais tarde, Willard e sua esposa fizeram uma viagem no Chrysler 1991 deles, com mais de 250 mil quilômetros rodados. Ela, claramente se recusou a arriscar sua reputação em ser vista sentada atrás, na bicicleta motorizada dele, com seus joelhos esparramados. Willard ficou triste com o fato de ela não compartilhar o único prazer que já tinha acontecido em sua vida. A única coisa que a esposa de Willard respeitava quanto à sua direção, era que ele seguia estritamente os limites de velocidade, que eram em média de 55 km por hora nas rodovias locais, na época, e 85 km por hora das estradas interestaduais. Eles fizeram a sua viagem de 750 km em dez horas, não sendo cedo o bastante para Willard. Quando tempo de viagem foi nas rodovias locais e quanto nas interestaduais?

Resposta na página 215

Você sabia...
Meninos e meninas são diferentes na maneira como aprendem

Na escola, as matérias que deixam as meninas felizes, geralmente deixam os meninos se sentindo miseráveis. As meninas tendem a se sair melhor e ser mais felizes com matérias, tais como o português, redação e línguas estrangeiras. Na escola, o maior desafio para as meninas costuma ser a Matemática, com a Geometria sendo mais difícil de entender do que a Álgebra. Os meninos podem se sair bem em Matemática, especialmente se a Matemática for mais espacial. Os meninos precisam aplicar suas habilidades físicas motoras para aprender, enquanto que isso não é necessário para as meninas. Alguns neurocientistas, que estão cientes das diferenças significativas na maneira como os cérebros feminino e masculino funcionam e processam os dados, defendem separar os sexos para as aulas de Matemática e idioma, especialmente nas séries iniciais e intermediárias.

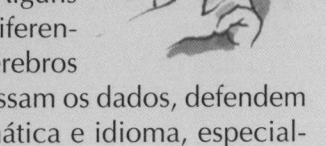

DICA: A velocidade média era de 12 mph (19 km/hora) acima 35 mph (56 km/hora) e 8 mph (12,80 km/hora) abaixo de 55 mph (88 km/hora).

Citações

Págs. 70, 72 Bragdon, A., Gamon, D. (2001) The Brainwaves Center, Bass River, MA.

Pág. 74 O. Gruber, P. Indefrey, H. Steinmetz e A. Kleinschmidt. Cerebral Cortex 2001;11 350-359

Págs. 76-97 Bragdon, A., Gamon, D. (2001) The Brainwaves Center, Bass River, MA.

Pág. 99 Lauro Pesenti et al. (2001). Mental calculation in a prodigy is sustained by right prefrontal and medial temporal areas. Nature Neuroscience 4/1: 103.

Pág. 101 Kinsbourne, M. (1983). Lateral input may shift activation balance in the integrated brain. Psychologist 38:228-9.

Levick, S.E. et al. (1993). Asymmetrical visual deprivation: a technique to differentially influence lateral hemispheric function. Perceptual Motor Skills 76:1363-82.

Pág. 103 McEwen, Bruce, doutor e diretor do Hatch Laboratory of Neuroendocrinology, Rockefeller University. De uma apresentação na Science of Cognition Conference, Library of Congress, Washington, D.C., 6 de outubro de 1999.

Pág. 105 McEwen, Bruce, doutor.

Pág. 107 Petersen, Steven E., doutor.

Pág. 109 Gur, Ruben C. Sex Differences in Learning. Using Brain Research to Reshape Classroom Practice. 7-9 de novembro de 1999.

Seção Quatro

ESPACIAL

Bloco de notas visual-espacial é o termo que os neurocientistas usam para se referir a uma ferramenta da Memória Operacional que você usará ao realizar tarefas, tais como o exercício mental nas seguintes páginas. Alguns dos exercícios exigem que você visualize as formas no espaço, como fazem os arquitetos, construtores, escultores e mestres de xadrez. Por exemplo, na vida diária, as pessoas usam essa habilidade para colocar malas no porta-malas do carro, encontrar o caminho para a entrada de um prédio ou localizar seus carros no estacionamento de um *shopping*.

O hemisfério direito da maioria dos cérebros masculinos é mais especializado para esse tipo de habilidade do que é geralmente o cérebro feminino. Essa é um das diferenças mais óbvias do sexo no processamento cognitivo e parece relacionar-se com o que é conhecido sobre como os primatas proto-humanos viveram, quando seus cérebros estavam evoluindo, 60 milhões de anos atrás. As mulheres encontram o caminho identificando pontos de referência. Muito provavelmente, os homens se orientam em grandes pontos de referência geográficos, incluindo o Sol e as estrelas. É tentador especular que, como os caçadores, os machos viajavam longas distâncias atraídos pela caça em um território desconhecido. As mulheres, que ficavam perto de suas habitações para cuidar dos filhos e fugir dos predadores, muito provavelmente teriam baseado-se em pontos de referência locais para se movimentar em busca de alimento ou madeira para acender o fogo em um território familiar, perto de suas moradias.

As habilidades visual-espaciais podem ser desenvolvidas com a prática. Um estudo neurocientífico recente sobre motoristas de táxi profissionais e experientes de Londres, que precisavam passar por rigorosos testes para descobrir endereços em qualquer lugar na cidade antes de receberem a licença, mostrou que uma parte do cérebro deles era significativamente maior do que a dos trabalhadores de outros serviços em Londres. Chama-se *hipocampo*, com base na palavra latina para cavalo (como também é hipopótamo), pois em um momento, alguém deve ter pensado que o órgão e o animal se pareciam com um cavalo (o que não é verdade). Cada cérebro tem um de cada lado. O do lado direito, onde estão localizadas as habilidades visual-espaciais na maioria das pessoas, era maior nos cérebros dos taxistas londrinos. Os neurônios na parte de trás daquela área enviavam mais conexões para responder ao desempenho diário exigido deles. Isso forçou um aumento na massa, sendo claramente perceptível em uma tomografia cerebral.

Tal descoberta é um exemplo convincente de um fato que é pouco conhecido, apesar de muito encorajador. O cérebro humano é capaz de se adaptar fisicamente para atingir as exigências impostas, muito parecido como uma sociedade pode mudar seus valores em uma crise comum ou uma flor crescerá na direção do Sol. Isso significa que o cérebro responde como quaisquer outros sistemas físicos. O exercício aeróbico dá força ao músculo do coração e capacidade de transportar oxigênio aos pulmões, aumentando, dessa forma, a resistência. Grupos de músculos ganham massa quando são sujeitos a estresses regulares de exercícios direcionados. Como resultado, aumenta a capacidade de levantar e correr. Ainda que um sistema não tenha sido usado por muitos anos, a sua massa e eficiência podem ser revividas com exercício e como consequência, aparecendo drasticamente nas pessoas mais velhas que começam a se exercitar depois de passar suas vidas relativamente sedentárias.

Como a vida, existe o outro lado. Na Idade Média, as artes de arquitetura, construção e habilidade para o desenho – todas as profissões que visam os centros visual-espaciais no hemisfério direito – eram conhecidas como artes de melancolia, pois elas supostamente causavam depressão no espírito. Na verdade, o hemisfério direito processa expressões faciais negativas e é mais ativo na fase depressiva de um ciclo maníaco-depressivo. No entanto, isso não deteve Leonardo da Vinci, nem deveria deter você.

Quebra-cabeça Chinês Bagunçado — Médio

Orientações

Um tangram é um quebra-cabeça chinês consistindo de um quadrado dividido em sete peças – cinco triângulos, um quadrado e um paralelogramo – as quais depois podem ser combinadas para formar uma grande variedade de figuras. Os quatro quebra-cabeças, ao lado, foram cortados do quadrado no canto superior esquerdo. Eles são (achamos): um abutre (A); um acrobata pendurado pelas mãos (B); um homem usando cartola (C); e um guaxinim (D). Ao desenhar linhas, você pode mostrar como cada peça no quadrado original foi usada para montar cada desenho? As peças idênticas têm os mesmos números e são intercambiáveis nos desenhos.

Você sabia...
Menos é mais na declaração visual

Em geral, um perfil ou silhueta faz uma declaração visual maior do que uma fotografia colorida. Por exemplo, o escritor de mistério Alfred Hitchcock era facilmente reconhecido a partir de um esboço do seu rosto; as particularidades dele, tal como a textura da pele e do cabelo, eram insignificantes para o seu reconhecimento, visto que eram semelhantes às de qualquer outra pessoa. Como os centros visuais no cérebro têm recursos limitados de atenção, frequentemente, um simples esboço – que comunica menos dados – é reconhecido mais rapidamente do que uma imagem detalhada.

Resposta na página 216

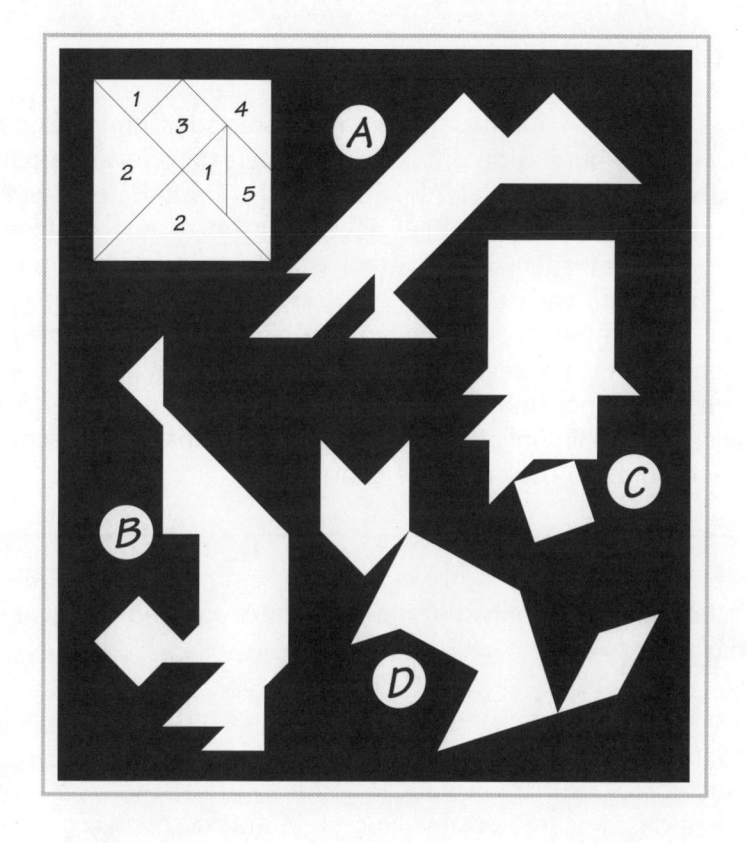

DICA: Um paralelogramo (5) é usado para formar o rabo de penas do abutre, um acrobata pendurado pelas mãos, o nariz do homem e o rabo do guaxinim.

Um Pedaço de Bolo

Nível inicial

Orientações

Seis meninos famintos "pegaram emprestado" um bolo coberto com glacê branco de uma das mães deles e o levaram para seu clube secreto, para dividi-lo. Mas, o ato criminoso deles fora testemunhado por uma irmã mais nova e sua amiga, que se ofereceram para ficar em silêncio quanto ao assunto em troca de um pedaço de bolo para cada uma. Os meninos concordaram, mas impuseram uma condição: eles pegariam os seus pedaços primeiro e as meninas deviam pegar o sétimo e oitavo pedaços na ordem em que os meninos tinham cortado quando pegaram os primeiros seis pedaços. Rapidamente, as meninas viram o padrão e escolheram o sétimo pedaço certo. Você consegue?

Você sabia...
As habilidades espaciais superiores do macho podem ser evolucionárias

Os homens são melhores do que as mulheres nas tarefas espaciais que envolvem a habilidade de orientação e navegação. Isso faz sentido se você olhar a evolução, a função dos sexos e a sobrevivência das nossas espécies. Durante a era da reunião de caçadores anterior à agricultura, os homens eram basicamente caçadores e essas habilidades navegacionais eram necessárias para viajar e rastrear a caça. As mulheres, por outro lado, permaneciam fechadas em casa, alimentando e cuidando das crianças.

Resposta na página 216

DICA: É dito que o filósofo grego Protágoras observou que há dois lados em cada questão, um exatamente oposto ao outro.

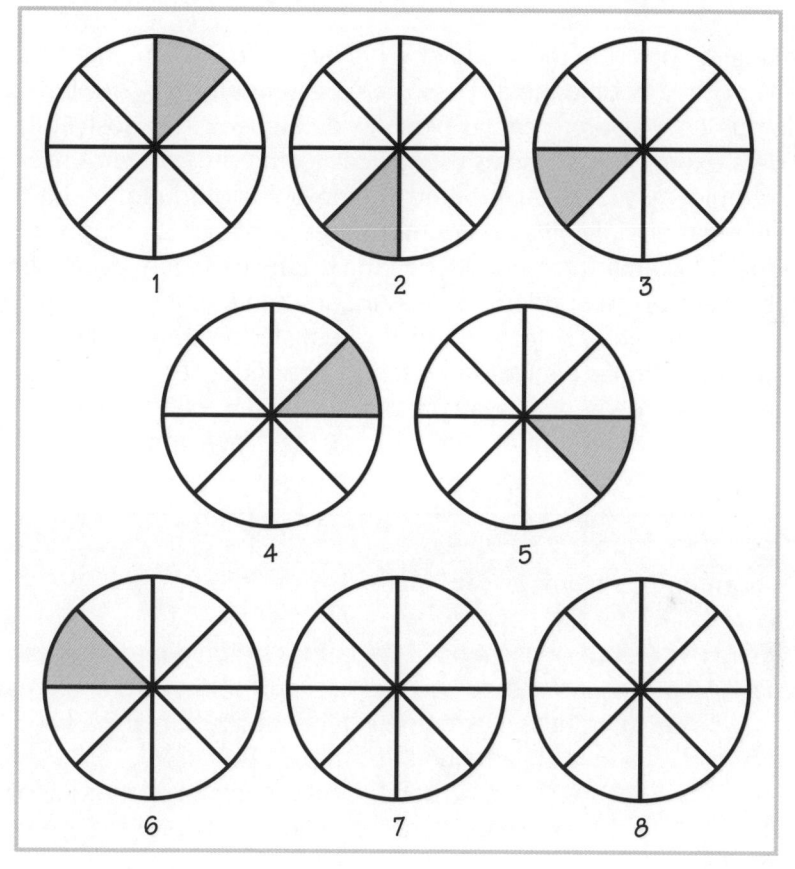

Como Circular o Quadrado

Nível inicial

A maneira como um indivíduo observa o mundo visualmente tem mais a ver com a habilidade da pessoa em perceber formas, sombras e cores do que com as preferências pessoais de alguém. A exposição inicial na vida a experiências visuais específicas - um edredom em um berço, por exemplo - pode afetar profundamente o gosto adulto, assim como as influências sociais, tais como anúncios e escolhas de grupos de observadores. O olhar inexperiente de uma criança não tem as influências sociais invasivas que poderiam, no subconsciente, enevoar a sua visão e alterar as escolhas dela. A parte do hemisfério direito que processa associações abstratas e metafóricas tende a enfraquecer com a idade. Os indivíduos com demência avançada provavelmente não perceberiam a questão social do desenho na próxima página. Você consegue?

Você sabia...
Os hormônios sexuais afetam o cérebro

Embora os cérebros masculinos e femininos sejam diferentes desde o nascimento, os hormônios dos adolescentes parecem aumentar e ampliar as diferenças. Os homens tendem a declinar na habilidade verbal na medida em que passam pela puberdade, enquanto que as mulheres declinam na habilidade espacial. De acordo com Jean Piaget, todas as pessoas por volta dos 13 anos de idade deveriam ser capazes de adivinhar a resposta certa do seu teste do nível de água. É interessante que, as meninas que sabiam a resposta certa para o teste do nível de água do Piaget com a idade de 11 anos, geralmente esqueciam a resposta aos 13 anos após iniciar a puberdade. A única explicação para essas mudanças é que os hormônios sexuais produzidos na adolescência afetam tanto o corpo quanto o cérebro.

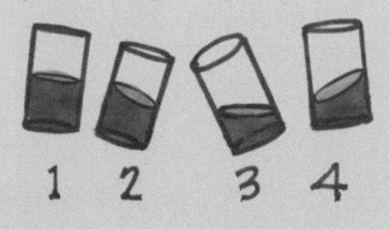

Resposta na página 216

DICA: Por que o pai mostra desaprovação ao desenho do menino de uma linha enrolada?

Quadrados do Tabuleiro

Nível inicial

Orientações

Pense em um quadrado de 6 x 6 ou desenhe um. De quantas maneiras você pode colocar 12 pedras, uma em cada quadrado, para que cada linha, coluna e as duas diagonais contenham apenas duas pedras?

Você sabia...
Os homens são melhores nas habilidades espaciais

Em geral, os resultados provam que os homens são melhores do que as mulheres nos problemas que envolvem o raciocínio e a memória espaciais. De acordo com os testes de orientação, onde duas linhas são mostradas (cada conjunto de linhas ficando mais curto) e a pessoa deve adivinhar se as linhas têm a mesma orientação do outro conjunto, um homem tem mais possibilidade de dar a resposta certa. O teste do nível de água do Piaget mostra um caminhão viajando morro acima, cheio de água até a metade, e pergunta qual linha representa o nível de água. Nesse teste, 45% dos homens deram a resposta correta, enquanto que apenas 15% das mulheres conseguiram. Quando o teste ficou mais difícil, envolvendo uma corda perpendicular ao solo, 60% dos homens adivinharam corretamente, enquanto que apenas 30% das mulheres conseguiram.

Resposta na página 216

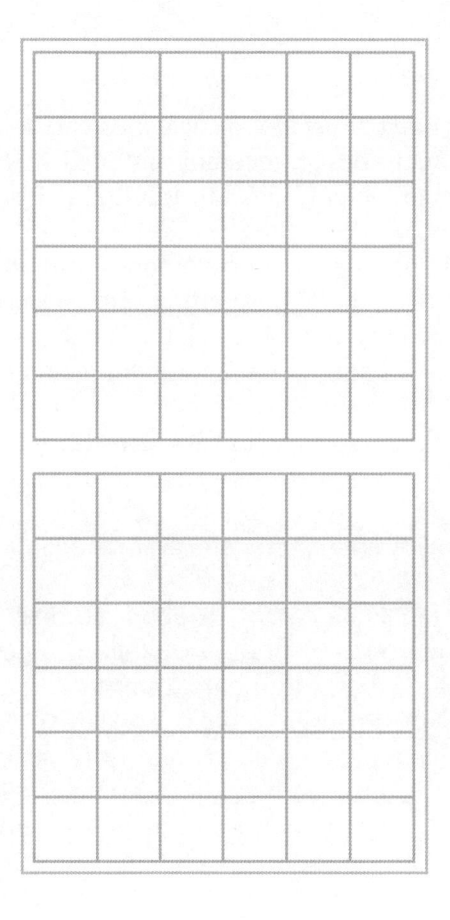

DICA: Das várias soluções possíveis, deve-se colocar uma pedra em cada canto dos quadrados.

Mistério Assírio

Avançado

Orientações

Logo depois que o artista fez a sua exposição de uma antiga crença assíria, dez peças desapareceram misteriosamente. Elas foram encontradas recentemente em um porão em Bismarck, Dakota do Norte, e colocadas de volta em suas posições certas. Os pequenos quadrados acima e abaixo do desenho mostram as peças que estão faltando. Você pode descobrir a quais seções elas pertencem? Quando colocá-las, ponha suas letras e números nas caixas próximas a cada quadrado. Uma já foi identificada para mostrar como é feito.

> **Você sabia...**
> **Os transexuais têm uma alteração cerebral**
>
> As diferenças sexuais na função cerebral são devidas à influência hormonal, de acordo com um estudo feito por pesquisadores na Holanda. Os transexuais mostraram as mesmas diferenças sexuais na função cerebral de um sexo biológico nato. Quando os transexuais foram estudados, os homens que trocaram para o sexo feminino tiveram declínio na habilidade espacial, mas melhoraram no funcionamento verbal. Nos testes de desempenho da memória imediata e atrasada, essas "novas" mulheres se saíram melhor nos testes do que os homens. Em oposição, as mulheres que mudaram para o gênero masculino mostraram uma habilidade espacial melhorada, mas um declínio na fluência verbal. A única explicação para esse fenômeno são os hormônios sexuais.

Resposta na página 216

DICA: Não há peças faltando nas colunas A, E, F e H.

Duas Vezes Queimado

Médio

Orientações

É possível dizer que as 40 combinações mostradas, na outra página, formam 16 quadrados. Também é possível dizer que elas constituem nove quadrados formados por: quatro pequenos quadrados cada, quatro quadrados de nove quadrados cada e um grande quadrado (o perímetro), formando, no conjunto, um total de 30 quadrados.

1. Qual é o menor número de combinações que podem ser removidas para eliminar todos os quadrados?
2. Usando as combinações removidas, você consegue formar seis novos quadrados?

Você sabia...
Os homens gostam viajar

Quando os casais estão viajando, geralmente o homem fica no acento do motorista. O motivo para esse arranjo comum pode ter mais a ver com a biologia do que com o cavalheirismo masculino. Estudos do cérebro demonstram que os circuitos especializados para encontrar o caminho são naturalmente maiores na maioria dos cérebros masculinos do que nos cérebros femininos. Os homens tendem a navegar por orientação, com pistas geográficas e direcionais gerais, tal como o Sol. As mulheres tendem a usar com mais frequência pontos de referência ao longo da rota.

Resposta na página 216

DICA: *Comece removendo a segunda combinação a partir do alto, na coluna direita mais distante.*

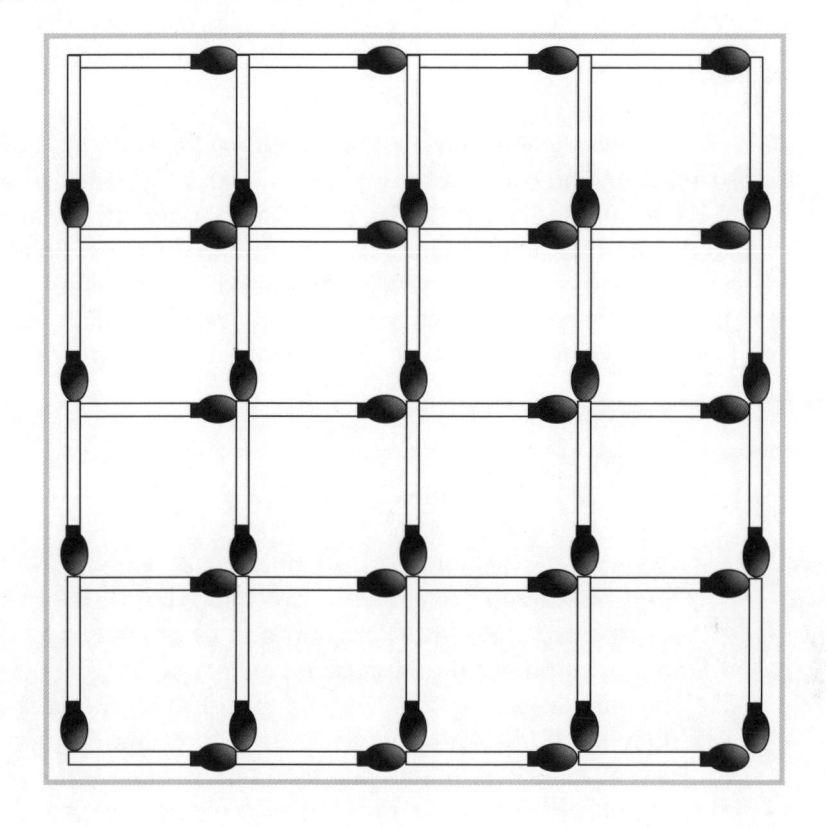

De A a B

Médio

Orientações

Tudo o que você precisa fazer para solucionar este enigma é mover-se em um único caminho inteiro, do canto superior direito (a) ao canto inferior esquerdo (b). No entanto, para adicionar um pouco de interesse ao problema, o seu caminho deve levá-lo alternadamente pelo quadrado, círculo, quadrado, círculo etc. E você não pode mover-se em diagonal – apenas na vertical e na horizontal. Fizemos 27 movimentos. Você pode fazer mais do que isso?

Você sabia...
A testosterona afeta a habilidade espacial

Geralmente, os homens são melhores do que as mulheres nas tarefas que envolvem a habilidade espacial. Os resultados de testes provam que os homens superam as mulheres nas tarefas que envolvem as rotações mentais de objetos tridimensionais. O motivo é, aparentemente, baseado no sexo e no hormônio. Foram feitos estudos em bebês que tinham nascido com os cromossomos masculinos certos (X e Y), ainda que faltando receptores para o hormônio masculino da testosterona. Mais tarde, no decorrer na vida, testes na escola mostraram que o sexo masculino fez menos pontos do que o sexo masculino "normal", nos testes envolvendo habilidades espaciais e matemáticas.

Resposta na página 216

DICA: Os seus três primeiros movimentos devem ser em uma direção para baixo

Sorte Inesperada

Nível inicial

Os irmãos Tom e Dick foram convidados para o casamento do primo Harry, que ia acontecer em Hurley, a 480 km de distância. Eles resolveram dirigir sem parar, alternando a direção. Um pesado temporal com ventos fortes os seguiu por várias horas. Pouco antes do sol se pôr, "no meio do nada", eles passaram pela cidade de Burley e, subitamente, surgiu uma bifurcação, onde uma placa de sinalização tinha sido arrancada pelo vento. Tom, que estava ao volante, não sabia qual caminho a sinalização indicava, embora a cidade de Hurley estivesse marcada nela. Ele começou a repreender seu irmão por não trazer um mapa rodoviário. Dick saiu do carro por alguns minutos, depois voltou e disse a Tom qual estrada tomar. Como ele sabia qual era o caminho certo?

Resposta na página 216

Você sabia...
Explorar novos caminhos faz o cérebro crescer

Eis uma nova desculpa para planejar uma excursão fora da cidade: explorar novos caminhos desafiará o cérebro e, literalmente, o ajudará a crescer. Um estudo de tomografia cerebral com os taxistas de Londres demonstra que a parte de trás do hipocampo, um lugar da memória espacial, é maior do que em outros motoristas, em relação aos anos de experiência. A mesma área do hipocampo aumenta nos pássaros forçados a aprender novas habilidades navegacionais ou encontrar comida. Se você tem pensado em sair cidade ou do país, vá em frente! A viagem que envolve mapeamento e navegação trabalha a sua memória espacial.

DICA: Diferente da esposa de Lot, Tom não se transformou em uma coluna de sal.

Bolo Crocante

Nível inicial

Orientações

Quando você comemora o seu aniversário na terra de Klunk, é costume enfiar moedas de diversos valores, ao invés de velas, no glacê do bolo de aniversário. Além do mais, o convidado de honra deve cortar o bolo de tal maneira que a quantidade de moedas tenha o total igual em cada pedaço. Claro que geralmente, isso resulta em alguns pedaços de bolo de aparência peculiar. Se fosse o seu aniversário e você tivesse seis convidados, como cortaria o bolo para que as moedas em todos os sete pedaços tivessem o total igual?

Você sabia...
O cérebro gosta da ligação visual e da descoberta de tarefas

Para sobreviver, a visão evoluiu de modo que um indivíduo é capaz de discernir objetos camuflados. Para fazer isso, o cérebro tem que montar peças parcialmente ocultas de dados visuais em um objeto que pode ser reconhecido. Por exemplo, se vemos um coiote atrás de arbustos verdes, o nosso cérebro visual conecta todas as áreas cinza, combinando-as para criar a imagem do coiote. A natureza exata dessa tarefa parece ser algo prazeroso: os cientistas indicam que essa ligação e o processo de descoberta criam uma resposta emocional positiva, provavelmente enviando sinais diretamente ao nosso cérebro límbico, onde se originam as emoções.

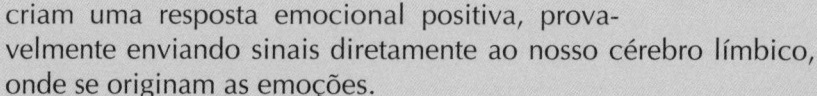

Resposta na página 216

DICA: As moedas em cada pedaço totalizarão 9.

Um "L" de uma Questão

Nível inicial

Orientações

Tom sempre se interessou pelas ferramentas elétricas que ele e seu irmão Dick têm em sua loja de ferramentas. Recentemente, em um dia calmo, ele pegou um pedaço de papel quadriculado e começou a planejar um *layout* para revestir o balcão com parquê. Ele seria composto de oito peças de compensado em forma de L, unidas para formar um quadrado, mas, depois de várias tentativas, ele estava quase desistindo. Dick observou por um tempo, depois, sugeriu cortar as quatro formas de L em quatro formas de Z. Você sabe como isto pode ser arrumado para formar um quadrado?

Você sabia...
As caricaturas subtraem e amplificam

Quando um rato é recompensado por reagir a um retângulo, ao invés de um quadrado, a reação do rato a um retângulo mais longo e mais estreito é até maior, devido a um princípio cognitivo chamado de efeito de "troca máxima". Os artistas contam com a mesma regra cognitiva quando produzem a arte da caricatura. Quando um cartunista desenha uma caricatura de um rosto famoso, tal como Yasser Arafat, o artista visualiza a média de todas as faces e subtrai da face de Arafat. Ao apresentar as diferenças, o desenho terminado exagera as feições, criando um esboço que se parece mais com Arafat do que o próprio Arafat.

Resposta na página 217

DICA: Nenhuma das peças em formato de L se toca.

Citações

Pág. 114 Ramachandran, V.S., doutor. Professor e diretor, Center for Brain and Cognition, University of California – San Diego. De uma apresentação na Science of Cognition Conference. Library of Congress. Washington, D.C., 6 de outubro de 1999.

Pág. 116 Bragdon, Allen D. The Brainwaves Center, Bass River, MA (2001).

Pág. 118 Gur, Ruben C. Sex *Differences in Learning. Using Brain Research to Reshape Classroom Practice.* Public Information Resources, Inc. 7-9 de novembro de 1999.

Págs. 120, 122 Gur, Ruben C.

Pág. 124 Maguire, E.A. *et al.* (2000). Navigation-related structural changes in the hippocampi of taxi drivers. Eventos da National Academy of Sciences USA 97/8:4398-403.

Clayton, N.S. e J.R. Krebs (1994). Hippocampal growth and attrition in birds affected by experience. Eventos da National Academy of Sciences USA 91:7410-14.

Pág. 126 Bragdon, Allen e Gamon, David, PhD. *"Building Left Brain Power",* Brainwaves Books, Bass River, MA (2000).

Pág. 129. Maguire, E.A. *et al.* (2000).

Págs. 130, 132 Ramachandran, V.S., doutor.

Seção Cinco

LINGUAGEM

Você já ouviu falar sobre a última pesquisa do cérebro? Se você estimular o seu cérebro com desafios cognitivos, aumentará os seus níveis de dopamina. A dopamina é um neurotransmissor produzido pelo cérebro para facilitar a passagem de sinais entre as células cerebrais. A dopamina também o faz sentir-se melhor, causando um sentimento de recompensa, de satisfação, especialmente quando o cérebro trabalha em uma tarefa com o hemisfério esquerdo, como, por exemplo, uma tarefa de palavras. O mesmo sistema de recompensa por estímulo é ativado por alguns narcóticos. (Isso nos torna "traficantes"?) O seu cérebro adora sentir-se bem. Se ele não puder fazer isso, solucionando enigmas, buscará outros meios. Geralmente, os enigmas são melhores para você do que outros meios, que não acrescentam muito ao seu vocabulário.

Vamos imaginar, apenas por um momento, quanta sorte nós humanos temos por sermos capazes de aprender o nosso idioma sozinhos, tão pequenos, que pensamos que a vida *deve* dar muito trabalho. Os bebês e as crianças pequenas aprendem a estrutura básica, a pronúncia, a gramática e a maior parte do vocabulário de seus idiomas nativos, independentemente das habilidades de ensinar de seus pais. A autoeducação na aquisição de uma habilidade assim complexa é uma pitada de brilhantismo no design do cérebro.

É uma segunda manobra de mestre convocar um neurotransmissor automotivador, como a dopamina, como um participante naquele processo. Em conjunto, eles parecem verificar o design do cérebro e como o design da última Constituição política, requer uma avaliação real das motivações humanas e autointeresse.

O inglês é mais complicado do que a maioria dos idiomas. É mais difícil ler, escrever, falar palavras em inglês e entender uma conversa rápida e parágrafos impressos. Por exemplo, a incidência de dislexia, é menor nas comunidades que não são de língua inglesa. A diferença não é a escolaridade, é a consistência da linguagem. Os 40 sons estranhos em inglês podem ser escritos em mais de 1.000 diferentes maneiras. O cérebro tem que trabalhar mais depressa para decodificar as frases em inglês ("Aquele "gh" é "ff" em *tough* ou "gas" em *ghastly*, ou é outra coisa?") Em italiano, por exemplo, você fala exatamente o que vê, sempre. O fato de que a Itália tem a metade de crianças disléxicas *per capita* em relação aos EUA, pode ser pelo fato de que o cérebro humano pode decodificar os sons de uma frase em italiano milissegundos mais depressa do que a mesma frase em inglês. São necessários milissegundos para processar a compreensão das palavras de um novo idioma – uma criança na pré-escola poderia lhe dizer isso (assim que ela aprender a falar seu idioma nativo, é claro).

Qual parte do cérebro você exercitará nesta Seção do livro? A esquerda, principalmente. O lado direito é mais ativo nas Seções 4 e 6. O processamento das palavras pode parecer exclusivamente linear no lado esquerdo do cérebro, pois você deve controlar as unidades de som e significado produzidas em uma rápida sequência. Alguns aspectos da linguagem parecem lineares, mas nem todos. Você não consegue "entender" as piadas ou o jogo de palavras verbais, a menos que mantenha, de uma vez, múltiplas ideias em sua cabeça – uma habilidade compartilhada pela parte frontal de ambos os hemisférios, mas principalmente, o direito. A propósito, as gargalhadas que seguem uma boa piada também incluem os circuitos de estímulo e recompensa. O estímulo é a pesquisa de como a parte final e surpreendente da piada *segue* a linha da estória montada. Ao atingir a parte final, seu cérebro se satisfaz correndo para descobrir como o inesperado se encaixa. A parte da recompensa vem quando você a "obtém".

Nós projetamos estes exercícios para ajudá-lo a se sentir bem e continuar esperto. Poucas coisas na vida, que são boas para você, são divertidas.

Galinha Conselheira

Médio

Orientações

Para encontrar as palavras de um sábio e antigo ditado, comece com a palavra do alto em cada coluna e troque uma letra, na medida em que você desce a escada. O ponto no quadrado mostra qual letra precisa ser trocada. As letras não mudam de posição com qualquer movimento. As Palavras Misteriosas na parte inferior dos degraus da escada, quando solucionadas e na sequência certa, formarão um ditado bem conhecido.

Você sabia...
Os derrames no lado esquerdo do cérebro geralmente danificam os centros de linguagem

Na América, a cada ano, mais de meio milhão de pessoas sofrem danos cerebrais causados por derrame e um quarto deles é fatal. Distúrbios na fala e na compreensão da linguagem são normalmente observados quando um derrame acontece no hemisfério esquerdo do cérebro. Um derrame ocorre quando o fornecimento de sangue do cérebro é interrompido devido a um bloqueio ou um coágulo em um vaso sanguíneo. As células cerebrais que são privadas de oxigênio morrem em minutos, liberando determinadas substâncias químicas que disparam uma reação em cadeia que é prejudicial ao tecido em torno do cérebro. As células de processamento da linguagem, que só ficam atordoadas, não morrem, em geral recuperam suas funções com o tempo. Especialmente nas pessoas mais jovens, outras partes do cérebro assumirão as tarefas da linguagem falada ou da compreensão nas áreas danificadas, onde essas funções são normalmente processadas.

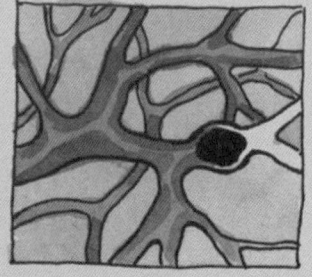

Resposta na página 217

B	A	G	S
R	A	G	S
R	A	T	S
R	U	T	S
1			

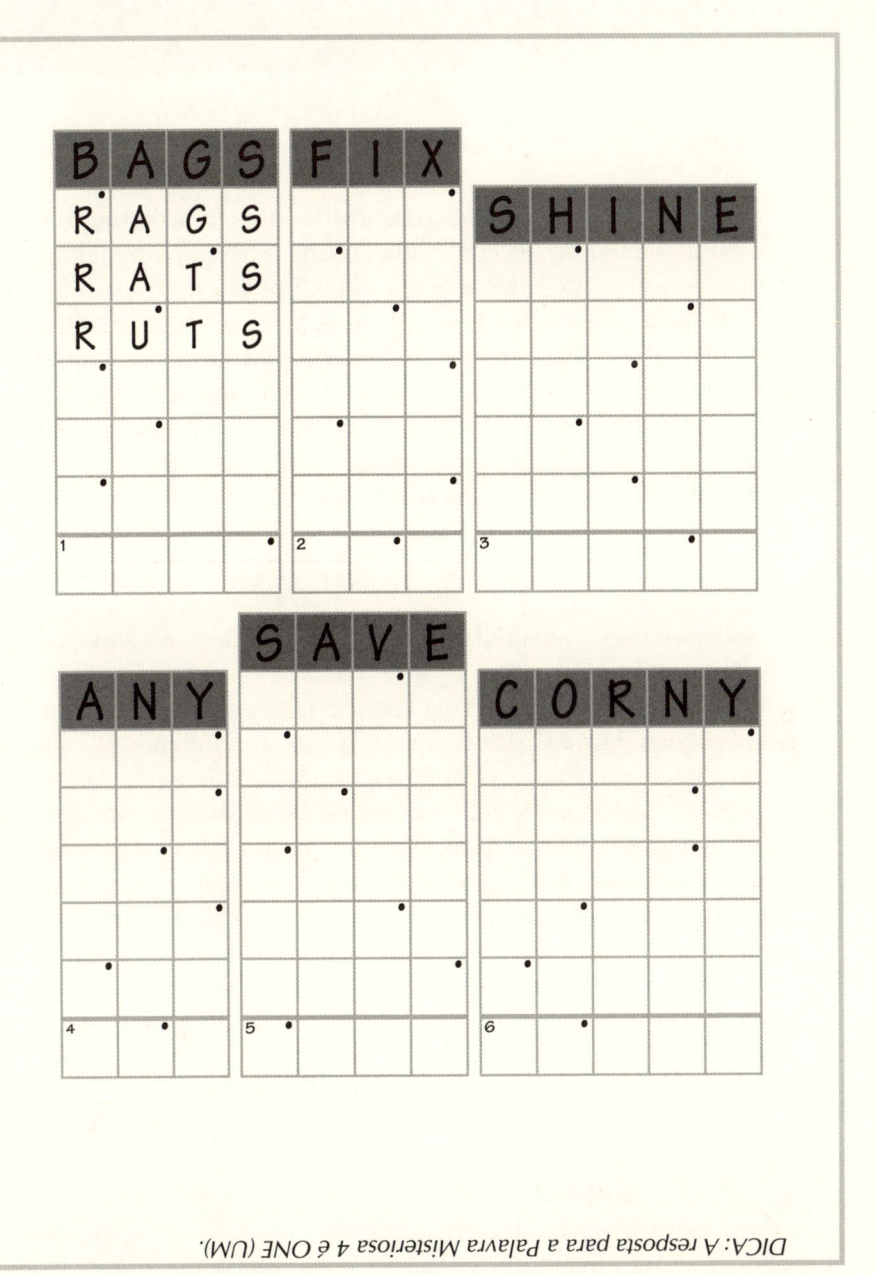

F	I	X
2		

S	H	I	N	E
3				

A	N	Y
4		

S	A	V	E
5			

C	O	R	N	Y
6				

DICA: A resposta para a Palavra Misteriosa 4 é ONE (UM).

Olhar Pensativo

Médio

Orientações

Para encontrar as palavras de um ditado sábio e antigo, comece com a palavra do alto em cada coluna e troque uma letra, na medida em que você desce a escada. O ponto no quadrado mostra qual letra precisa ser trocada. As letras não mudam de posição com qualquer movimento. As Palavras Misteriosas na parte inferior dos degraus da escada, quando solucionadas e organizadas, formarão um ditado bem conhecido. O Pintinho Cognitivo está segurando uma Palavra Misteriosa extra que é usada no ditado e ela iniciou um degrau da escada para ajudá-lo a prosseguir.

Você sabia...
As deficiências de aprendizado, em geral, podem ser superadas

Geralmente, pais e professores veem crianças que não se ajustam às definições normais das deficiências de aprendizado. Como os rostos, os nossos cérebros diferem na organização e na proporção. Algumas crianças com deficiências de aprendizado, na verdade têm anomalias cerebrais as quais, em determinados casos, podem, de fato, ser superadas. Quando uma criança mostra sintomas de um comportamento anormal, tal como uma habilidade de linguagem ruim, isso pode ser devido às áreas do cérebro que não estão totalmente desenvolvidas ou que estão desenvolvendo-se de modo anormal. Em uma pessoa jovem, os novos circuitos podem ser capazes de substituir os anormais e finalmente, as habilidades de linguagem serão dominadas. No entanto, se todos os centros da linguagem estiverem totalmente maduros e a deficiência não tiver sido superada, é provável que o déficit seja permanente.

Resposta na página 217

1 A

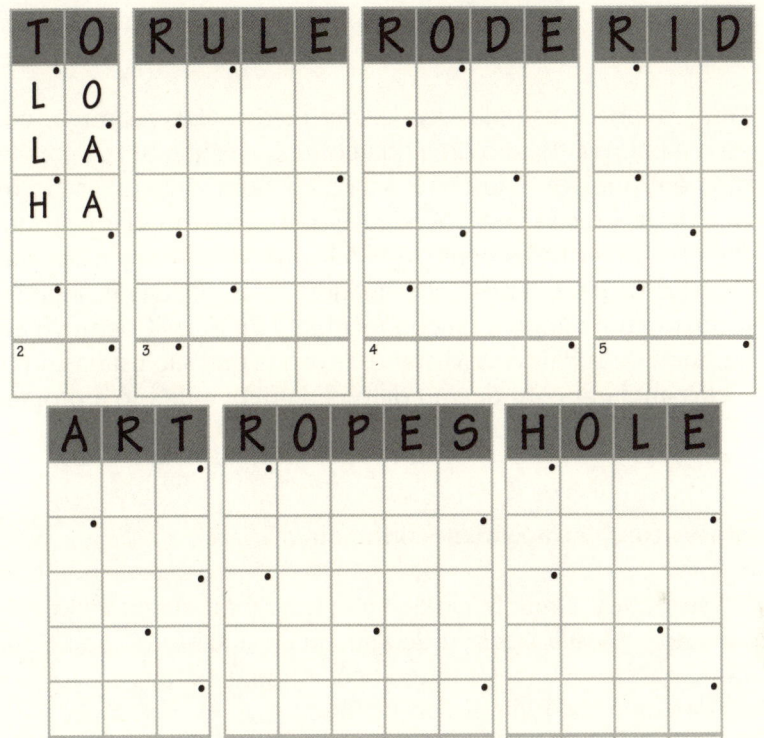

T	O	R	U	L	E	R	O	D	E	R	I	D
L	O											
L	A											
H	A											
2		3				4				5		

A	R	T	R	O	P	E	S	H	O	L	E
6			7					8			

DICA: A resposta para a Palavra Misteriosa 5 é YOU (VOCÊ).

Jogos para Ativar o Cérebro

Bom Senso Animal — Médio

Orientações

Para encontrar as palavras de um ditado sábio e antigo, comece com a palavra do alto em cada coluna e troque uma letra, na medida em que você desce a escada. O ponto no quadrado mostra qual letra precisa ser trocada. As letras não mudam de posição com qualquer movimento. As Palavras Misteriosas na parte inferior dos degraus da escada, quando solucionadas e organizadas, formarão um ditado bem conhecido. O Pintinho Cognitivo está segurando duas Palavras Misteriosas extras que são usadas no ditado e elas iniciaram um degrau da escada para ajudá-lo a prosseguir.

Você sabia...
As frases complexas podem confundir

Leia o seguinte: "O cachorro que a mãe acabou de alimentar mordeu o gato". "A mãe acabou de alimentar o cachorro que mordeu o gato". Muito provavelmente, você achou a primeira frase mais difícil de entender. Tomografias cerebrais (PET) revelam que as frases complexas criam uma carga maior nos lóbulos frontais, onde está a Memória Operacional. Embora um estilo de escrita complicado possa evitar a demência porque ela trabalha o cérebro, é melhor não confundir os leitores. Ao escrever ou falar, evite usar frases que exigem ter uma ideia em mente ao ler ou ouvir outra ideia na mesma frase.

Resposta na página 217

T	O	E
T	O	O
W	O	O
W	H	O
3		

R	A	C	E
4			

R	O	B	E	D
5				

T	I	R	E
6			

L	O	O	K	S
7				

P	O	I	S	E
8				

DICA: A resposta para a Palavra Misteriosa 5 é NEVER (NUNCA).

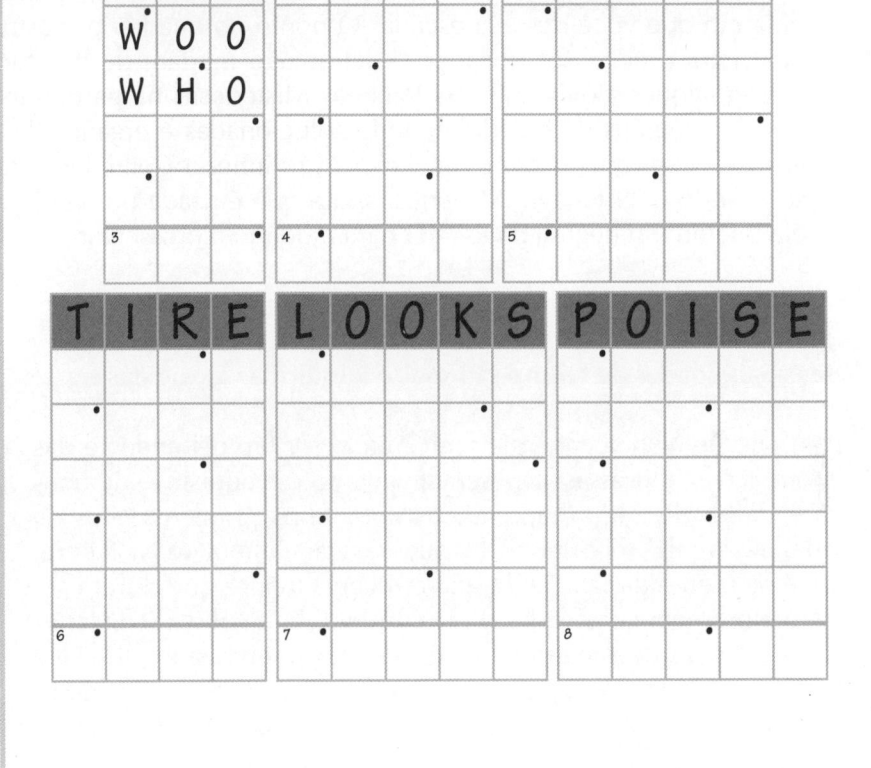

Jogos para Ativar o Cérebro

Certo, Maldito!

Médio

Orientações

Para encontrar as palavras de um ditado sábio e antigo, comece com a palavra do alto em cada coluna e troque uma letra, na medida em que você desce a escada. O ponto no quadrado mostra qual letra precisa ser trocada. As letras não mudam de posição com qualquer movimento. As Palavras Misteriosas na parte inferior dos degraus da escada, quando solucionadas e organizadas, formarão um ditado bem conhecido. O Pintinho Cognitivo está segurando uma Palavra Misteriosa extra que é usada no ditado e ela iniciou um degrau da escada para ajudá-lo a prosseguir.

Você sabia...
Boas habilidades de leitura são muito adquiridas e exigidas

Pelo fato de a sociedade eletrônica atual ser tão dependente das informações impressas, o desenvolvimento e a aquisição de boas habilidades de leitura, aprendidas durante os primeiros anos de vida, são mais importante do que nunca. Entretanto, a leitura, diferentemente da fala, se baseia em capacidades que devem ser meticulosamente ensinadas. Para conseguir a habilidade de leitura, as crianças devem estar cientes da relação entre a impressão e o som, e as crianças precisam reconhecer como os sons se combinam para criar as palavras. Por exemplo, as crianças devem entender que a palavra "dog" (cachorro), embora seja falada e ouvida como um som contínuo, na verdade, é composta de sons com três letras que podem ser reorganizadas para produzir também outras palavras, com sons e significados diferentes. A dislexia é o resultado da deficiência exatamente nessa habilidade fonológica.

Resposta na página 217

¹AN

	T	O	E
T	O	O	
W	O	O	
W	H	O	
3			

	R	A	C	E
4				

	R	O	B	E	D
5					

	T	I	R	E
6				

	L	O	O	K	S
7					

	P	O	I	S	E
8					

DICA: A resposta para a Palavra Misteriosa 4 é CAN'T (NÃO PODE).

Jogos para Ativar o Cérebro

Enigma Colorido — Médio

Orientações

Comece com uma única letra (A, I ou E) e acrescente duas letras para formar uma palavra com três letras na linha seguinte. Prossiga até completar a Palavra Misteriosa colorida (ou incolor) no final da escada. Você pode reorganizar as letras para formar cada nova palavra. Trabalhe no centro do enigma, da letra única I para o alto, e as outras duas, de A e E para a parte inferior. Não são permitidos nomes próprios, abreviações, hifens ou palavras de outro idioma. Cada letra em um círculo vale o número de pontos mostrado na coluna "Valores da Letra", na outra página. Tente completar as palavras que dão a maior pontuação.

Você sabia...
A dislexia pode ser um problema fonológico

Pedindo a uma criança para traduzir palavras na língua do P, os cientistas podem medir a habilidade de identificar os sons nas palavras. Esse teste fonológico exige reconhecer o primeiro som de uma palavra, movê-lo para o fim da palavra e acrescentar um som adicional. Para executar essa tarefa, a criança deve ser capaz de lembrar a subestrutura da palavra pronta para a manipulação, da mesma forma como deve lembrar dos sons enquanto emite uma nova palavra. Ao tentar executar essa tarefa, as crianças com dislexia demoram muito mais e cometem mais erros do que as crianças com boas habilidades de leitura. Enquanto tentam ler, algumas crianças com dislexia não apenas informam reclamações visuais, tais como "as palavras parecem que estão se mexendo", mas muitas também experimentam e informam dificuldades em ligar as sílabas escritas com a sua

Resposta na página 217

QXZ - 50
VJKB - 25
PFGWY - 15
HDLUCM - 10
ETAONIRS - 5
TOTAL

A   I   E

DICA: A Palavra Misteriosa na parte inferior da escada A é BLACK (PRETO).

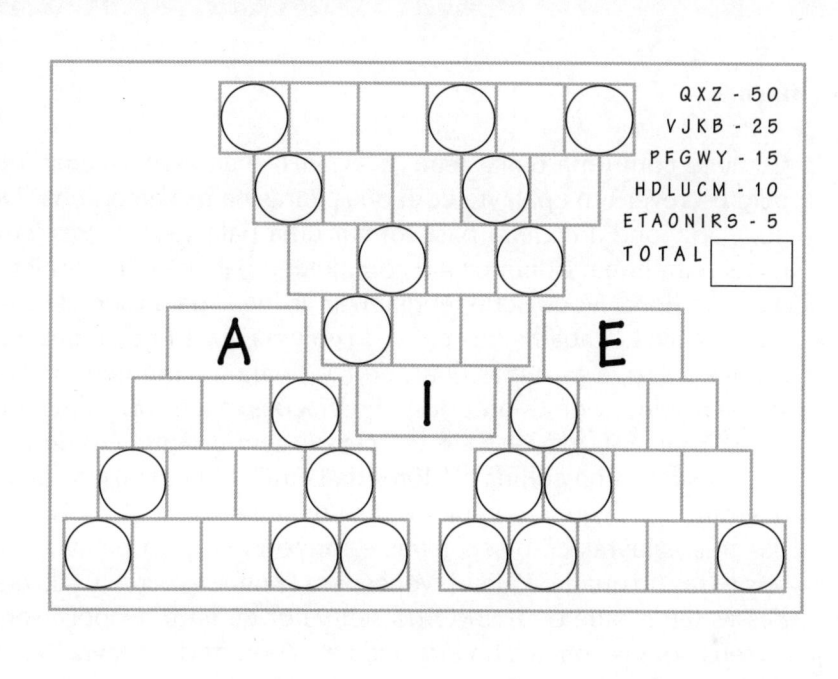

Palavra Vencedora Médio

Orientações

Comece com uma única letra (E, A ou I) e acrescente uma letra para escrever uma palavra com duas letras na próxima linha. Depois, adicione uma letra para formar uma palavra com três letras na terceira linha. Continue até completar a palavra com seis letras na sexta linha. Você pode reorganizar as letras para escrever cada nova palavra. Trabalhe no centro do enigma, a partir da única letra A para o alto, e as outras duas, de E e I para a parte inferior. Não são permitidos nomes próprios, abreviações, hifens ou palavras de outro idioma. Cada letra em um círculo tem um número de pontos, mostrados na coluna "Valores da Letra". Quando todos os três diagramas estiverem completos, use qualquer uma das seis letras das três palavras com seis letras e forme uma nova palavra com seis letras no quadro Palavra Vencedora (Winner-Word). Cada uma dessas letras vale o DOBRO do seu valor de letra. Depois, some os seus pontos com a letra circulada e os pontos da Palavra Vencedora, e escreva a sua resposta no quadrado Total.

Você sabia...
O lado esquerdo do cérebro gosta de símbolos familiares

Embora o hemisfério esquerdo tenda a ser verbal e o hemisfério direito tenda a ser visual, essas habilidades não são completamente específicas para um lado. Ícones e símbolos familiares, tais como as letras do alfabeto ou um símbolo atrapalhado, são automaticamente processados pelo lado esquerdo do cérebro. Imagens visuais menos familiares, tais como um rosto estranho ou um objeto com forma esquisita, são mais manipulados com o lado direito do cérebro. Até mesmo um idioma estrangeiro que usa símbolos desconhecidos, tais como o alfabeto chinês, seria processado primeiro pelo lado direito do cérebro.

Resposta na página 218

Winner - Word

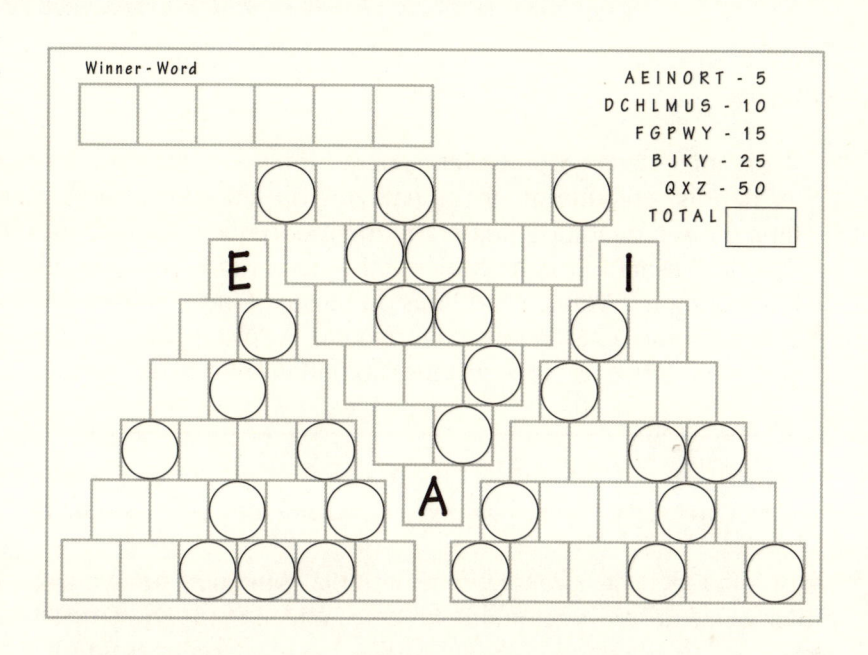

```
AEINORT - 5
DCHLMUS - 10
FGPWY  - 15
BJKV   - 25
QXZ    - 50
TOTAL
```

Quão perto você pode chegar do nosso total?
Dentro de 100 pontos – Excelente
Dentro de 150 pontos – Bom
Dentro de 200 pontos – Razoável
Dentro de 300 pontos – Melhor usar um dicionário!

DICA: A nossa palavra com seis letras na parte inferior de E na escada é DAZZLE (OFUSCAR).

Observe as Partes — Nível inicial

Orientações

Reorganize cada grupo de letras para formar uma palavra diferente, depois, coloque as novas palavras na grade, iniciando cada uma em seu quadrado numerado, de modo que cada palavra seja lida da mesma forma na horizontal e na vertical, por exemplo, 1 Horizontal e 1 Vertical são lidas da mesma forma, 2 Horizontal e 2 Vertical são lidas da mesma forma etc. As pistas para as palavras certas em todos os cinco grupos são dadas entre parênteses.

Você sabia...
As deficiências de aprendizado são determinadas pela sociedade

Uma deficiência de aprendizado é definida como uma função cognitiva, que é desproporcionalmente fraca e causa um problema em alguma atividade da vida diária. Muitas pessoas compensam uma fraqueza funcional usando outras habilidades e, portanto, nunca são avaliadas ou diagnosticadas como portadoras de deficiência de aprendizado. Uma deficiência de aprendizado é, na verdade, definida pela sociedade na qual você vive. Por exemplo, a sociedade americana não testa habilidade musical, pois não exige que um cidadão se torne um músico excelente. Entretanto, a leitura é considerada necessária para operar em nossa sociedade, assim, as pessoas incapazes de ler precisam ser avaliadas quanto a uma possível deficiência de aprendizado.

Resposta na página 218

	1	2	3	4	5
1					
2					
3					
4					
5					

Pistas
- PARTS (correia entrelaçada)
- RHATS (besteira)
- DORIA (britânico sem fio/desconectado)
- INASA (por exemplo, Thai [Tailândia])
- YONHP (falso)

DICA: A resposta para 4 é ASIAN (asiático/a)

Trajeto Bizarro

Nível inicial

Orientações

Reorganize cada grupo de letras para formar uma palavra diferente, depois, coloque as novas palavras na grade, iniciando cada uma em seu quadrado numerado, para que cada palavra seja lida da mesma forma na horizontal e na vertical, por exemplo, 1 Horizontal e 1 Vertical são lidas da mesma forma, 2 Horizontal e 2 Vertical são lidas da mesma forma etc. As pistas para as palavras certas para três dos grupos são dadas entre parênteses.

Você sabia...
O teste de escrita revela o pensamento dos canhotos

Embora a maioria dos canhotos processe a linguagem no hemisfério direito de seus cérebros, isso não ocorre em todos os canhotos. Se você é canhoto, uma equipe de cientistas pode revelar, com um simples teste de escrita, qual lado do cérebro controla as suas habilidades de linguagem: Se você escreve com a sua mão esquerda *abaixo* da linha da escrita, como fazem os destros, o seu hemisfério dominante de linguagem é oposto à sua mão que escreve (portanto, o direito); se você escreve com a mão em uma posição curvada *acima* da linha, então, o lado esquerdo do seu cérebro processa a linguagem como faz normalmente para as pessoas destras.

Resposta na página 218

	1	2	3	4	5
2					
3					
4					
5					

Pistas
1. CHUCO (sofá)
2. ROUTE (extremo, fr.)
3. TRUET
4. ECERD
5. DERSH (grupos)

DICA: A resposta para 4 é CREED (credo; doutrina)

Erga uma Ilha   Médio

Orientações

Reorganize cada grupo de letras para formar uma palavra diferente, depois, coloque novas palavras na grade, começando cada uma em seu quadrado numerado, para que cada palavra seja lida da mesma forma na horizontal e na vertical, por exemplo, 1 Horizontal e 1 Vertical são lidas da mesma forma, 2 Horizontal e 2 Vertical são lidas da mesma forma etc. A pista para uma palavra certa nos cinco grupos é dada entre parênteses.

Você sabia...
"Como for" atrapalha os adolescentes

Todos os adolescentes desenvolvem um idioma similar, mas se o jargão diminui a velocidade do crescimento do vocabulário, ele pode limitar o futuro. A média de 14 anos de idade sabe cerca de 20.000 palavras. Se o aprendizado continua nessa taxa, por volta da idade de 64 anos o vocabulário consistirá de 100.000 palavras (metade do dicionário Webster). Para conseguir isso, um adolescente tem que aprender cerca de 150 novas palavras por mês. Pedir ao adolescente para usar palavras alternativas para "como for" força o desenvolvimento do cérebro a organizar e usar as informações com mais exatidão. Os benefícios são numerosos. Além de desenvolver o poder do cérebro, o vocabulário aumentado aperfeiçoa a fluidez da expressão verbal e as habilidades de leitura, levando assim a melhores perspectivas de emprego. Estudos também demonstram que um vocabulário aumentado pode reduzir o risco da doença de Alzheimer.

Resposta na página 218

1	2	3	4	5
2				
3				
4				
5				

Pistas
1. ERECT
2. NVEAR (pássaro)
3. NTEEV
4. NTEES
5. NTEER

DICA: A resposta para 4 é TENSE (tenso).

Concorde que é Ansioso — Médio

Orientações

Reorganize cada grupo de letras para formar uma palavra diferente, depois, coloque as novas palavras na grade, iniciando cada uma em seu quadrado numerado, para que cada palavra possa ser lida da mesma maneira na horizontal e na vertical, por exemplo, 1 Horizontal e 1 Vertical pode ser lida da mesma maneira, 2 Horizontal e 2 Vertical, pode ser lida da mesma maneira etc.

Você sabia...
Muito parecido com chocolate e drogas...

... as piadas estimulam os centros de processamento de recompensa dentro do cérebro. Os pesquisadores sabem que uma "boa" piada envolve dois elementos: 1. a justaposição de dois conjuntos mentais (primeiro, criando uma situação simples, depois, fornecendo uma virada inesperada, geralmente chamada de "parte final") e 2. criando no ouvinte um sentimento de diversão. Com a tecnologia atual, na verdade, esses eventos podem ser observados quando eles ocorrem na mente. Ao fazer uma ressonância magnética do cérebro (fMRI), os indivíduos que escutam as "partes finais" de piadas e jogos de palavras sinalizam quando acham os itens divertidos. No estágio do "sentimento de humor", as imagens revelaram uma atividade no córtex pré-frontal ventral mediano, uma região do cérebro conhecida como o centro de processamento da recompensa, o qual também apresenta atividade nos ciclos de recompensa por estímulo por álcool, drogas e alguns doces.

Resposta na página 218

	1	2	3	4	5
1					
2					
3					
4					
5					

Pistas
1. TSECH
2. THEHA
3. AGREE
4. EETSR
5. ETHER

DICA: A resposta para 4 é STERE (estéreo; metro cúbico)

Sopa de Yale

Nível inicial

Orientações

Neste enigma com formato de palavras cruzadas, você usará cada letra do alfabeto apenas uma vez.

Você sabia...
O APOE-4 pode prever o Alzheimer

O risco de ter Alzheimer pode ser revelado nas ressonâncias magnéticas fMRI. Indivíduos com o gene variante APOE-4 (*apolipoproteina E-4*) ligado à doença de Alzheimer passaram por testes de desempenho de memória durante a ressonância. Os resultados foram comparados com os indivíduos sem o gene, com todos os indivíduos pontuando normalmente nos testes padrão de memória. Quando solicitados a lembrar algumas palavras aprendidas, as ressonâncias mostraram um fluxo sanguíneo aumentado em várias regiões do cérebro: as áreas da linguagem, córtex pré-frontal e conexão do lóbulo límbico temporal, que inclui o hipocampo. Os indivíduos com APOE-4 mostraram maior fluxo sanguíneo e atividade ainda maior nas áreas diversificadas do cérebro, embora não tenha sido visto um aumento relativo no desempenho. Dois anos mais tarde, os testes de memória e as ressonâncias dos mesmos indivíduos mostraram que quanto mais circuitos cerebrais estavam envolvidos, maior era o declínio na memória verbal. Os cientistas acreditam que a atividade cerebral aumentada observada nesses pacientes pode prever outras futuras decadências cerebrais.

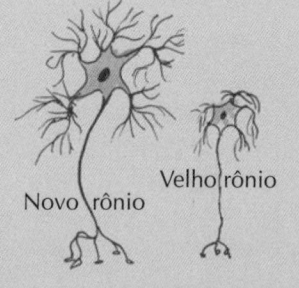

Novo neurônio   Velho neurônio

Resposta na página 218

Pistas
Horizontal
2. Football venue (campo de futebol)

5. Harm (dano)

7. TV spot, por exemplo (sinal de TV)

9 Surname prefix (prefixo de sobrenome)
10. Sleeveless garment (roupa sem manga)

Vertical
1. Difficult situation (situação difícil)
3. The yoke's on him (o jugo nele)
4. Medical malefactor (malfeitor médico)
6. St. (street – rua)
8. Turkish topper (roupa turca)

DICA: 1 Vertical é FLIGHT (voo)

Senhora Impaciente do Poeta

Médio

Orientações

Neste enigma com formato de palavras cruzadas, você usará cada letra do alfabeto apenas uma vez.

Você sabia...
Falar errado pode ser um problema na memória operacional

Foram realizados estudos em pessoas com a tendência a falar errado o final das palavras. A probabilidade de cometer um erro aumentava com o tamanho da palavra e não dependia do indivíduo ter sido solicitado a digitar, escrever ou soletrar verbalmente a palavra. Esse déficit acontecia até mesmo quando os indivíduos podiam repetir verbalmente a palavra e podiam falar corretamente palavras curtas. Os resultados dos testes revelaram que falar errado a parte final das palavras é, na verdade, um déficit da *Memória Operacional*. Ela usa duas ferramentas para manter as informações na mente, enquanto trabalha nas partes adicionais de um problema: *loop fonológica* (ouvir as palavras dos dados com o ouvido da mente); e *bloco de notas visual-espacial* (ver as informações com o olho da mente). Se uma pessoa não puder "ver, ouvir e manter" a primeira parte de uma palavra ativa na memória para mais processamento, frequentemente, o final da palavra será falado errado.

Resposta na página 218

Pistas
Horizontal
3. Spar (brigar)

4. Water lily leaf (folha da vitória-régia)

6. Apace (passo acelerado)

7. Automobile corp. (corporação de automóveis)

9. Gusto (entusiasmo)

Vertical
1. Accompanied (with) (acompanhado de)

2. Lower jaw (mandíbula inferior)

4. Parti Québécois (abrev) (Partido de Quebec)

5. Faint (vago; desmaiar)

8. Western st. (rua Western)

DICA: 2 Vertical é JOWL (BOCHECHA).

Aposta Invertida — Médio

Orientação

Neste enigma com formato de palavras cruzadas, você usará cada letra do alfabeto apenas uma vez.

> **Você sabia...**
> **Os "sons" das palavras não são necessários para escrever?**
>
> Você precisa ouvir os sons de uma palavra em sua mente para escrever e falar? Os neurocientistas ainda estão lutando com essa questão. Há duas teorias que tratam da relação do "som" e da escrita das palavras. Uma teoria, referida como a hipótese da "mediação fonológica" afirma que uma pessoa *deve* ouvir mentalmente os sons de uma palavra para escrevê-la corretamente. Pelo outro lado, a hipótese da "autonomia ortográfica" declara que *não* é necessário escutar mentalmente uma palavra para escrevê-la. A evidência que apoia a segunda teoria foi observada em uma pessoa com 60 anos de idade com demência progressiva frontotemporal – esse paciente não podia escutar as palavras, embora fosse capaz de escrevê-las corretamente.

Resposta na página 218

Pistas
Horizontal

3. Supported (apoiado)

4. Paper meas. (medida do papel)
5. Mot (ditado)
6. Good-natured banter (brincadeira do bem)

8. ___ Affair, 1797-1798 (Acontecimento de 1797-1798)

Vertical

1. Seductive flirt (flerte de sedução)
2. Not many (não muitos)
3. With radiance (com brilho)

7. Switch position (trocar de posição)

DICA: 3 Horizontal é BACKED (APOIADO).

Livre-se daquele caminhão!

Avançado

Orientações

Neste enigma com formato de palavras cruzadas, você usará cada letra do alfabeto apenas uma vez. Para tornar as coisas um pouco mais interessantes, omitimos os quadrados pretos.

Pistas

Horizontal
3. Kipling poem (poema de Kipling)
4. Disreputable joint (união indecente)
6. Popular gait (maneira de andar popular)
8. An R of R&R (um R de Relaxar e Recuperar)
10. Wildcat (animal selvagem)
11. Electrical abbr. (abrev. de elétrico)

Vertical
1. __ code (código)
2. "__ the Raven .." (O corvo)
4. Music emcees (mestres de cerimônia de música)
5. British sports car (carro esportivo britânico)
7. ___ Hills, SD (__ montanhas, SD)
8. MD's asst. (auxiliar de médico)
9. Former (anterior, prévio)
12. Foreign car mfr, (fabricante de carros estrangeiros)

Você sabia...
Geralmente, o lado esquerdo do cérebro aprende a linguagem

Os pesquisadores acham que, geralmente, a linguagem é processada no hemisfério esquerdo do cérebro, pois, durante a infância, o hemisfério direito está ocupado processando as informações iniciais, menos complicadas. Quando um bebê amadurece e a cognição aumenta, o hemisfério esquerdo fica acessível e pronto para assumir o processamento detalhado e especializado que envolve o aprendizado da linguagem.

Resposta na página 218

DICA: 10 Horizontal é LYNX (LINCE).

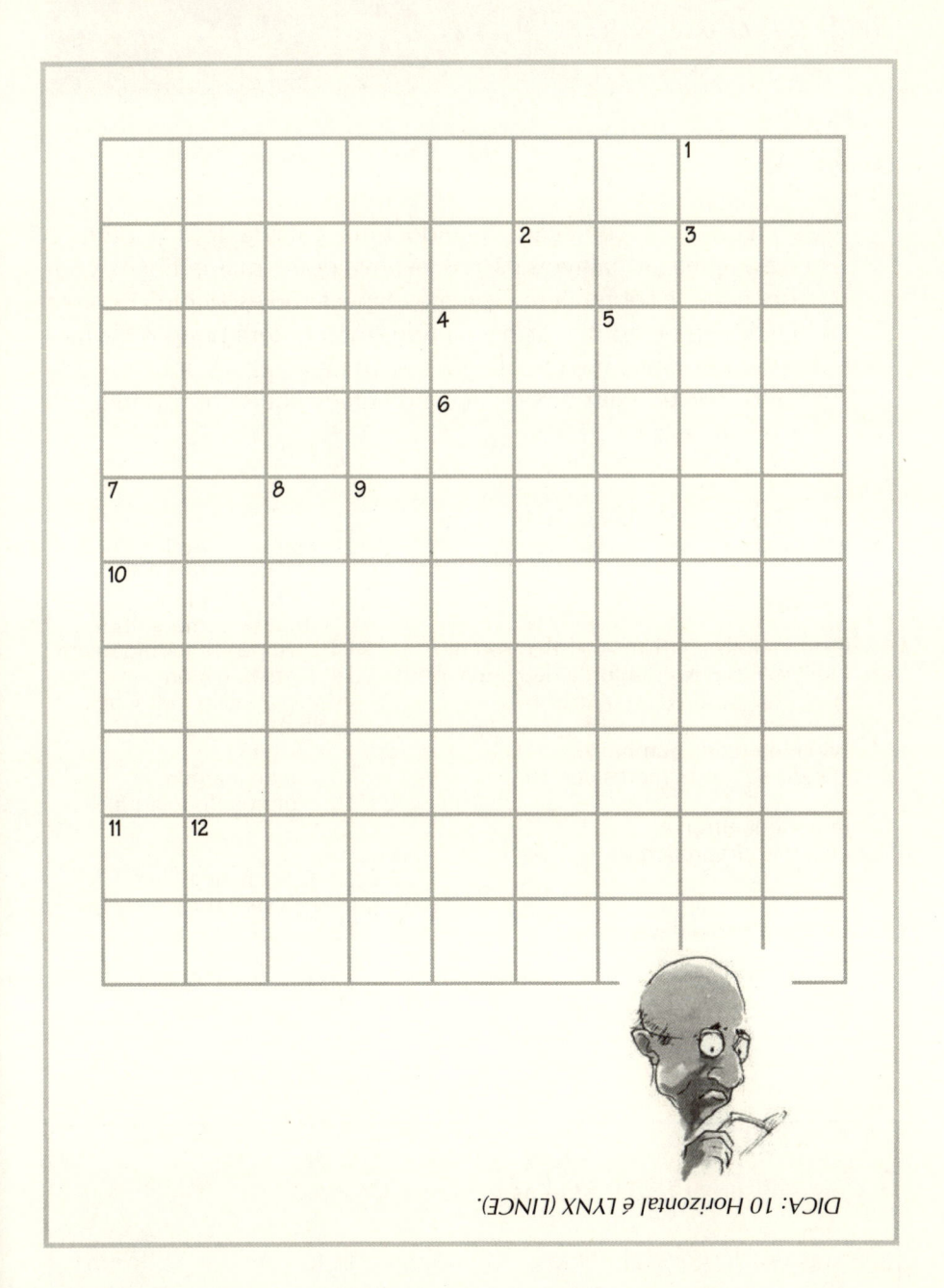

Mirar a Estibordo

Médio

Orientações

Os argumentos começam quando uma palavra leva a outra e neste enigma, as palavras não só levam a outra, mas também, com frequência, se sobrepõem. Se você começar no espaço nº 1 com a palavra certa e continuar no sentido horário, terá poucos problemas para completar o círculo com as 18 palavras adicionais. Cada palavra começa em um espaço numerado, que corresponde ao número da pista.

Pistas

1. Show biz headliner (atração de entretenimento)

2 Sour (azedo)

3. Ostentatiously artistic (artístico ostentoso)
4. Hollywood Power (a força de Hollywood)

5. Bragging rights number (gabando-se dos números certos)

6. Impudent effrontery (atrevimento imprudente)

7. Old soldier (soldado velho)

8. Engrave (gravar)

9. Moonstruck actress? (atriz lunática?)
10. Not his (não dele)

11. Formerly (Arch.) (Antigamente – Arc.)
12. Thrust; plunge (empurrão; mergulho)
13. Competent (competente)
14. Horse:: whinny ::sheep (cavalo, relincho, ovelha)

15. Suede (camurça)
16. Not here (não aqui)

17. Schismatic belief (crença sismática)
18. In __ (agreeing) (em __ [concordância])
19. Treasure repository (depósito de tesouro)

Você sabia...
Como observar onde estão as palavras

Antes do desenvolvimento da tecnologia de tomografia MRI, em 1985, os neurocientistas não podiam observar como o cérebro processava as tarefas de linguagem em tempo real. Eles sabiam, por exemplo, que o dano no lóbulo frontal esquerdo, em geral, estava relacionado com a incapacidade de falar. Agora, eles podem ver o que todas as partes de um cérebro vivo estão fazendo *enquanto estão ativas*. Por exemplo, é possível observar como o lado direito do cérebro de uma criança tenta assumir uma função de linguagem do lado esquerdo que foi danificado por um acidente ou por características genéricas.

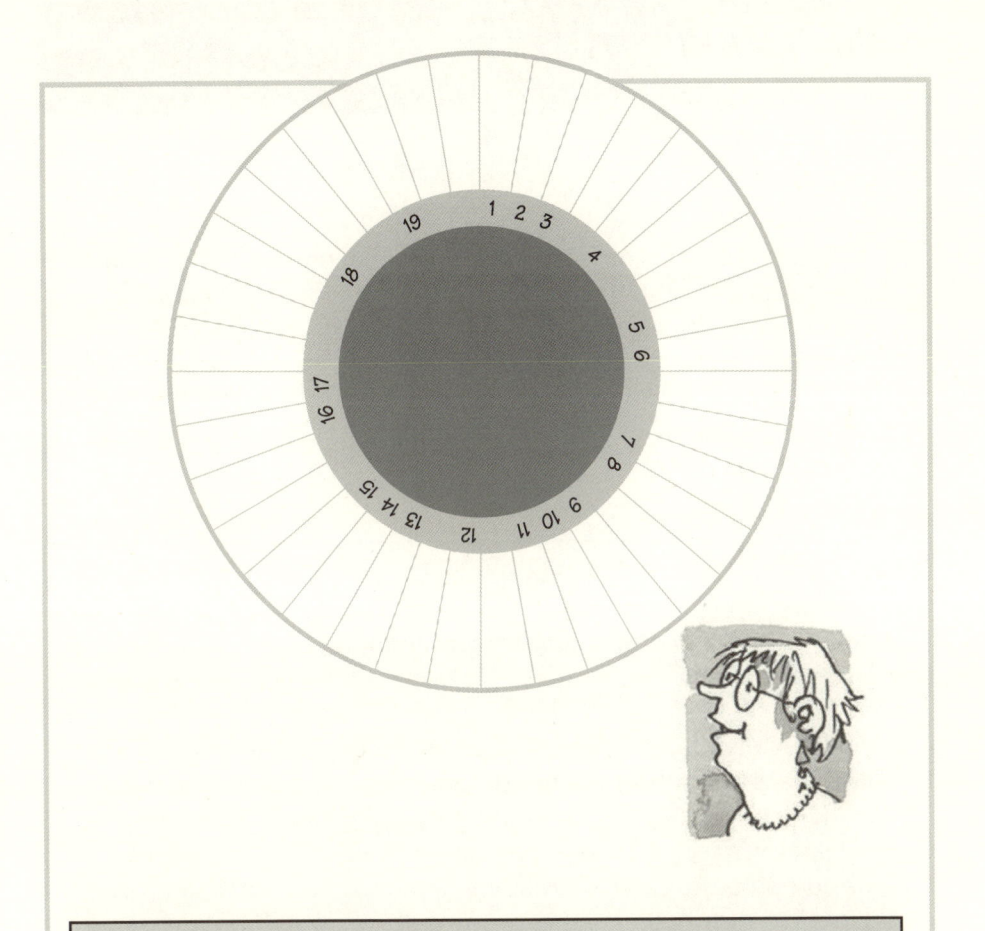

DICA: 12 é STAB (GOLPEAR).

Resposta na página 219

Ora, Trapaceiro!

Médio

Orientações

Os argumentos começam quando uma palavra leva a outra e neste enigma, as palavras não só levam a outra, mas também, com frequência, se sobrepõem. Se você começar no espaço nº 1 com a palavra certa e continuar no sentido horário, terá poucos problemas para completar o círculo com as 14 palavras adicionais. Cada palavra começa em um espaço numerado, que corresponde ao número da pista.

Você sabia...
Muito provavelmente, o cérebro feminino usa ambos os lados para a linguagem

Até recentemente, os cientistas pensavam que a maioria das pessoas processava a linguagem no hemisfério esquerdo do cérebro. Agora, os pesquisadores sabem que essa generalização é mais válida para os homens do que para as mulheres. Aparentemente, as áreas de processamento verbal das mulheres, com mais probabilidade, são distribuídas nos dois lados do cérebro. Pacientes femininas com dano ou derrames no hemisfério esquerdo do cérebro mostram menos déficits de linguagem do que os masculinos e são mais capazes de recuperar as habilidades de linguagem.

Resposta na página 219

Pistas

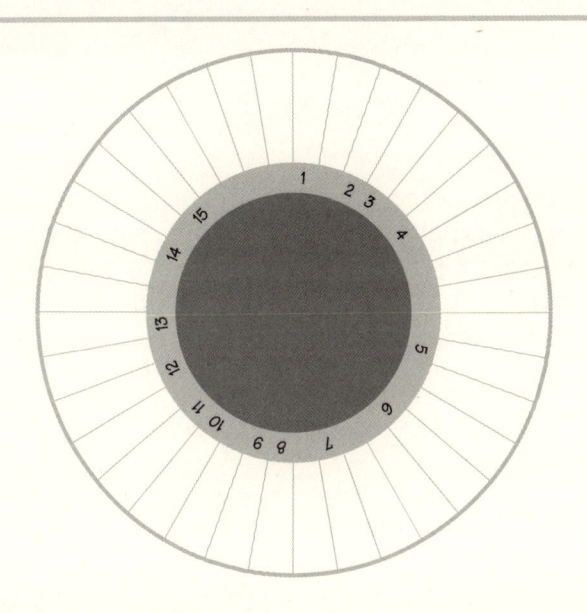

1. Audio distortion (distorção auditiva)
2. __ of the cloth (ecclesiastic) (do tecido, roupa - eclasiástico)
3. S.A. mountain range (cordilheira Afr. Sul)
4. Fate (destino)
5. Lesser goddess (deusa menor)
6. Irrational fear (medo irracional)
7. Prejudice (preconceito; prejuízo)
8. Inquire (consulta)
9. Pervert; distort (perverter; distorcer)
10. Ram's mate (parceiro/a do carneiro)
11. Existed once (existiu certa vez)
12. Take up again (reassumir)
13. Staircase post (escadas de correio)
14. Mischievous (travesso; malicioso)
15. Complete (completo; concluído)

DICA: 6 é PHOBIA (FOBIA).

Feito sob Medida em Idioma Falado — Médio

Orientações

Os argumentos começam quando uma palavra leva a outra e neste enigma, as palavras não só levam a outra, mas também, com frequência, se sobrepõem. Se você começar no espaço nº 1 com a palavra certa e continuar no sentido horário, terá poucos problemas para completar o círculo com as 17 palavras adicionais. Cada palavra começa em um espaço numerado, que corresponde ao número da pista.

Pistas

1. Wheel part (parte da direção)
2. Understanding (entendimento)
3. Stage direction (diretor teatral)
4. Dist. (distribuição)
5. Off course (fora de rumo)
6. Rave's partner (parceiro entusiasmado)
7. Part of the pot (parte do conjunto)
8. Try (tentar; experimentar)
9. High regard (grande estima)
10. Aswarm (tão quente quanto)
11. Blend; participate (misturar; participar)
12. Faint light (luz fraca)
13. Saunter (passear tranquilamente)
14. Rent (aluguel)
15. Delineate sharply (delinear claramente)
16. Dear in Nantes (querido em Nantes)
17. Thyme, e.g. (tomilho, por ex.)
18. Engaged to be married (noivos prestes a casar)

Você sabia...
Dois códigos são melhores que um

A memória pode ser dividida em três estágios temporais. No primeiro, o estágio de codificação, as informações (visuais e/ou verbais) são apresentadas. Durante o segundo estágio, as informações são armazenadas e frequentemente reforçadas. O terceiro estágio, ou de recuperação, acontece quando as informações armazenadas são lembradas.

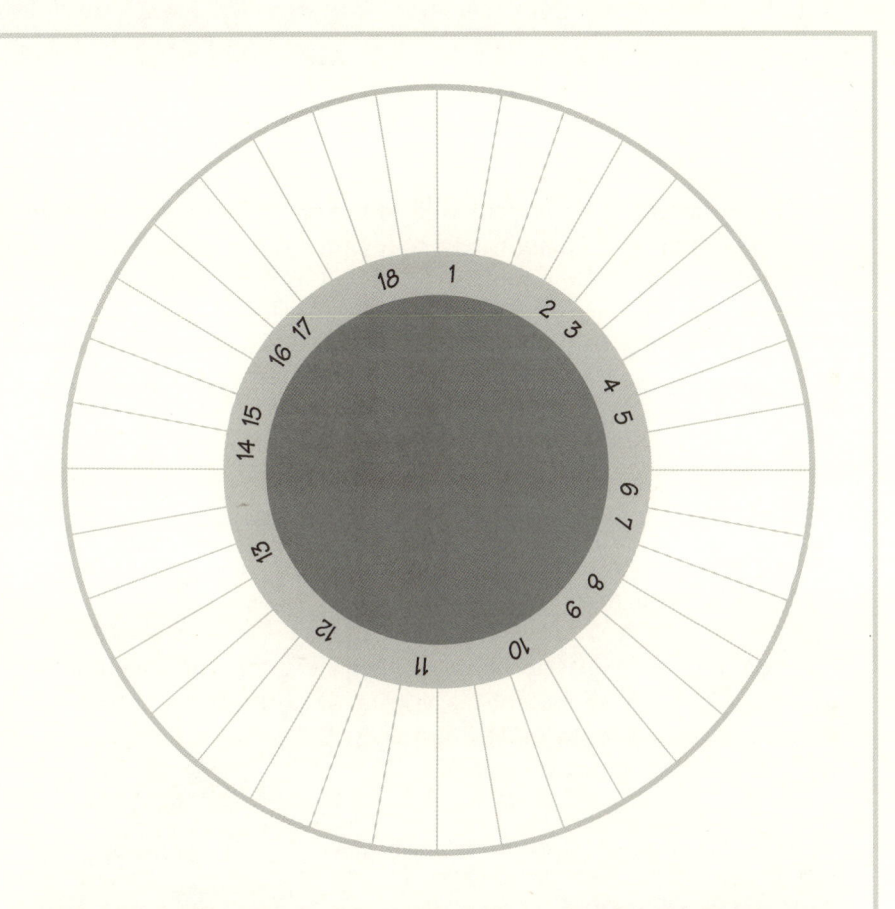

Muito possivelmente, você lembrará de um objeto se vir uma imagem dele, ao invés de apenas ouvir a palavra que nomeia o objeto. Por exemplo, ao ver uma imagem de um objeto, tal como um lagarto, você codificará a informação visual além do nome "lagarto". Se mais tarde pedirem a você para se lembrar do objeto, os códigos visual e verbal se combinarão para lhe oferecer uma lembrança melhor do que um único código, apenas de uma simples palavra.

DICA: 11 é MINGLE (MISTURAR).

Resposta na página 219

N'est-ce Pas?

Avançado

Orientações

Os argumentos começam quando uma palavra leva a outra e neste enigma, as palavras não só levam a outra, mas também, com frequência, se sobrepõem. Se você começar no espaço nº 1 com a palavra certa e continuar no sentido horário, terá poucos problemas para completar o círculo com as 16 palavras adicionais. Cada palavra começa em um espaço numerado, que corresponde ao número da pista.

Você sabia...
Palavras falsas prejudicam os fatos

A linguagem é uma ferramenta valiosa de comunicação, pensamento e memória. Entretanto, ao descrever um objeto ou evento, tal como um acidente ou um automóvel, se as palavras criarem valores descritivos e imagens incorretas, na verdade, elas poderão prejudicar um reconhecimento posterior do verdadeiro automóvel e criar falsas opiniões do evento concreto. Isso acontece porque uma descrição verbal inexata pode, geralmente, anular uma lembrança não verbal mais exata.

Resposta na página 219

Pistas

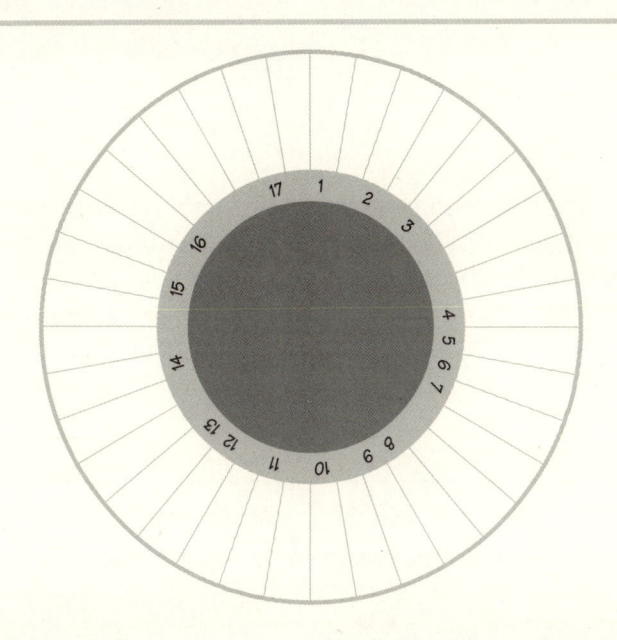

1. __ egg (retirement fund perhaps
(talvez, o
fundo de pensão)
2. Baby bird (filhote de pássaro)

3. Scottish islands (ilhas da Escócia)
4. Ogle (olhar sedutor)
5. Affirmative (afirmação; afirmativo)

6. City in NE Italy
(cidade no Nordeste da Itália)

7. Vapor (vapor)
8. Etiquette's Vanderbilt
(Vanderbilt da etiqueta)

9. Talking bird (pássaro falante)
10. King of tag (rei do chavão)
11. Nourishing occasion (momento
da alimentação)

12. Mohammed __
13. Schulz character
(personagem Schulz)

14. More than often
(com muita frequência)
15. Bedfellow (paceiro sexual)

16. King of poem (rei da poesia)
17. Flog (chicotear; superar)

DICA: 9 é MYNA (TIPO DE PÁSSARO).

Cheio de Ditados

Médio

Orientações

Os argumentos começam quando uma palavra leva a outra e neste enigma, as palavras não só levam a outra, mas, também com frequência, se sobrepõem. Se você começar no espaço nº 1 com a palavra certa e continuar no sentido horário, terá poucos problemas para completar o círculo com as 21 palavras adicionais. Cada palavra começa em um espaço numerado, que corresponde ao número da pista.

Você sabia...
Vacina pode manter a esperança quanto ao Alzheimer

Geralmente, a doença de Alzheimer causa perda das habilidades de linguagem, levando à mudez. Novos estudos mostram que uma substância química, como proteína, chamada de *amyloid beta peptide* (amiloide beta peptídeo) tem uma função crítica nos acontecimentos que levam ao Alzheimer. Durante o primeiro estágio da doença, depósitos de amiloide beta peptídeo constroem uma placa nos espaços entre as células cerebrais. Em resposta, o nervo das células desenvolve emaranhados fibrosos e finalmente, morrem, levando o cérebro a declinar. Uma pesquisa recente revela que ratos com Alzheimer recuperaram sua habilidade de aprender uma tarefa e lembrar dela depois de serem vacinados com a amiloide beta peptídeo. Esses ratos vacinados parecem criar anticorpos que ajudam a destruir algumas das placas formadas no cérebro. Entretanto, como a amiloide beta peptídeo faz parte de uma proteína que ocorre naturalmente nos humanos, os pesquisadores ainda não sabem se os anticorpos causarão uma reação prejudicial aos tecidos saudáveis, tornando assim a vacina inadequada para os humanos.

Resposta na página 219

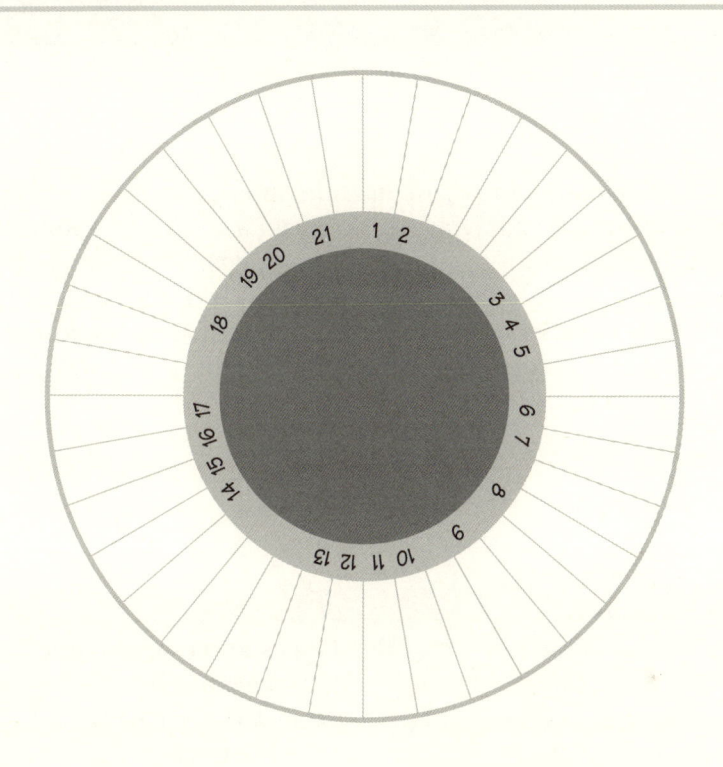

Pistas
1. Wedge (porção; cunha)
2. Gretsky's game (jogo de Gretsky)
3. Orb (esfera)
4. Bakery must (necessário na padaria)
5. Spring festival
(festival da primavera)
6. Cubic meter (metro cúbico)
7. Shipworm (tipo de molusco)
8. Decorate again (refazer decoração)
9. Finished (terminado)
10. FDR's __ Deal (acordo do Roosevelt)
11. Female ship (ovelha)
12. United (unido)
13. Revises (revê)
14. Upperclass man (abbr.)
(homem de classe alta – abrev.)
15. Grain (grão)
16. Burglar (ladrão)
17. Omelet must (necessário no omelete)
18. Mast rope (corda do mastro)
19. Affirmative (afirmação; afirmativo)
20. Affirmative (afirmação; afirmativo)
21. __ as (for example)
(__ como, por exemplo)

DICA: 16 é YEGG (GATUNO).

Terminologia Deturpada

Médio

Orientações

Os argumentos começam quando uma palavra leva a outra e neste enigma, as palavras não só levam a outra, mas também, com frequência, se sobrepõem. Se você começar no espaço nº 1 com a palavra certa e continuar no sentido horário, terá poucos problemas para completar o círculo com as 18 palavras adicionais. Cada palavra começa em um espaço numerado, que corresponde ao número da pista.

Pistas

1. The __ (vigorous dance)
(__ dança vigorosa)
2. Peninsula (península)
3. Rumple (amarrotar)

4. But (Lat.) (Mas – lat.)
5. Move sideways (mover de lado)
6. Offspring; obtain (prole; obter)
7. Characteristic attitudes
(atitudes características)

8. Not these (não esses)
9. Sprayed (borrifado)

10. Movie : Oscar :: Mystery novel
(filme : Oscar :: romance de mistério)

11. En __ (Em __)
12. Passionate (apaixonado/a)
13. Fender mishap
(proteção contra incidentes)
14. A Roosevelt (Roosevelt)
15. Swirl (rodopio)
16. Color (cor)

17. __ man (servile sycophant)
(__ homem servil e bajulador)

18. Inflamed swelling
(inchaço inflamado)

19. Still (ainda; imóvel)

Resposta na página 219

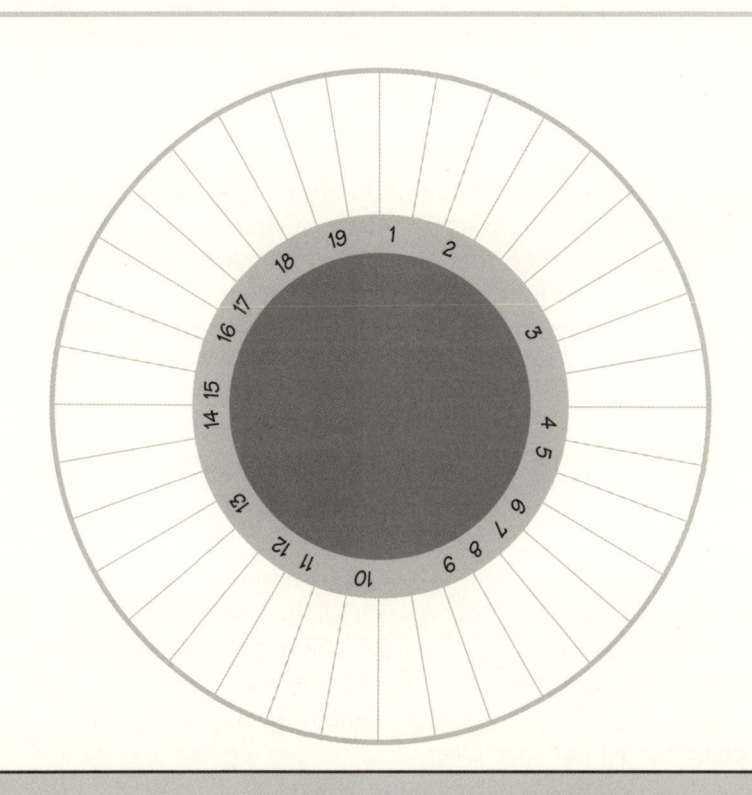

Você sabia...
Símbolos estranhos processados no lado direito do cérebro

Visto que a linguagem geralmente é processada no hemisfério esquerdo, esse lado do cérebro torna-se rápido e proficiente ao entender dados contendo palavras impressas. O hemisfério direito não está programado também para a linguagem – ele processa lentamente uma palavra, letra por letra. Entretanto, quando o tipo de letra ou as formas da palavra *não* são familiares, isso torna lento o lado direito do cérebro quanto ao método de processar, sendo, na verdade, um sistema melhor para decodificar os dados.

DICA: 7 é ETHOS (SISTEMA DE VALORES).

Jogos para Ativar o Cérebro

Subir em uma Árvore

Médio

Orientações

Os argumentos começam quando uma palavra leva a outra e neste enigma, as palavras não só levam a outra, mas, também, com frequência, se sobrepõem. Se você começar no espaço nº 1 com a palavra certa e continuar no sentido horário, terá poucos problemas para completar o círculo com as 18 palavras adicionais. Cada palavra começa em um espaço numerado, que corresponde ao número da pista.

Pistas

1. Elm, e.g. (olmo, por ex.)
2. Marsh plant (planta de pântano)
3. Redact (redigir; editar)
4. Tizzy (emoção; agitação)
5. George Michael Cohan's "Over __" ("Over __" de George Michael Cohan)
6. Well-__ (quite knowledgeable) (Bem __ bastante conhecido)
7. Find the sum (descubra o total)
8. Between cube and mince (entre o cubo e o picadinho)
9. Building material (material de construção)
10. Make a beginning (upon) (iniciar)
11. Brief and pithy (rápido e contundente)
12. Flow gradually (fluir gradativamente)
13. Impressively great (incrivelmente bom)
14. Ancient of northern Britain (antigo do norte da Grã-Bretanha)
15. Rhythmical stress (tensão rítmica)
16. Employ (empregar)
17. Char (torrar; carbonizar)
18. Is for many (é para muitos)
19. Soak (ensaboar)

Resposta na página 219

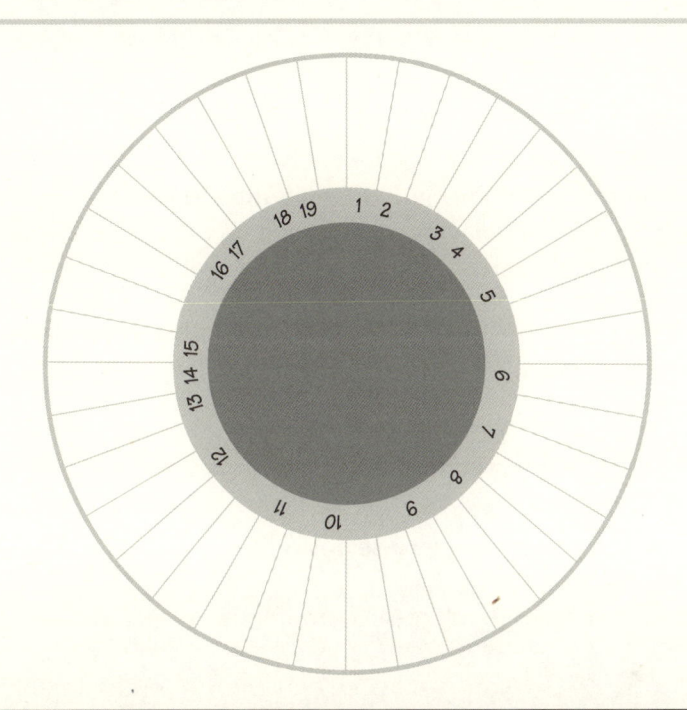

Você sabia...
Os canhotos podem recuperar mais rapidamente a linguagem

Geralmente, depois de um derrame, os canhotos recuperam as habilidades de linguagem mais depressa do que homens e mulheres destros, mesmo se esses canhotos também processem a linguagem dominantemente em seus hemisférios esquerdos. Os canhotos podem ativar mais facilmente os seus centros de processamento no lado direito do cérebro se os centros de linguagem no lado esquerdo do cérebro forem danificados, como, por exemplo, por um derrame ou pancada grave. De qualquer maneira, normalmente as mulheres usam os dois hemisférios, com certeza mais do que os homens.

DICA: 15 é ICTUS (ACESSO, ATAQUE).

Avançado

Orientações

Os argumentos começam quando uma palavra leva a outra e neste enigma, as palavras não só levam a outra, mas também, com frequência, se sobrepõem. Se você começar no espaço nº 1 com a palavra certa e continuar no sentido horário, terá poucos problemas para completar o círculo com as 17 palavras adicionais. Cada palavra começa em um espaço numerado, que corresponde ao número da pista.

Você sabia...
A memória declarativa refere-se aos fatos

A palavra "memória" refere-se comumente à memória *declarativa*, consciente, a qual envolve informações e eventos que são aprendidos, tais como lembrar o que você fez na semana passada, os nomes dos seis últimos presidentes ou as respostas para as pistas das palavras cruzadas. As áreas do cérebro essenciais para processar esse tipo de lembrança de palavras incluem o hipocampo, a amídala e o córtex em volta das superfícies internas do lóbulo temporal localizado logo acima da orelha esquerda. Assim como as habilidades aprendidas, incluindo as capacidades e os hábitos, a memória *não declaratória* é processada em outros centros do cérebro.

Resposta na página 219

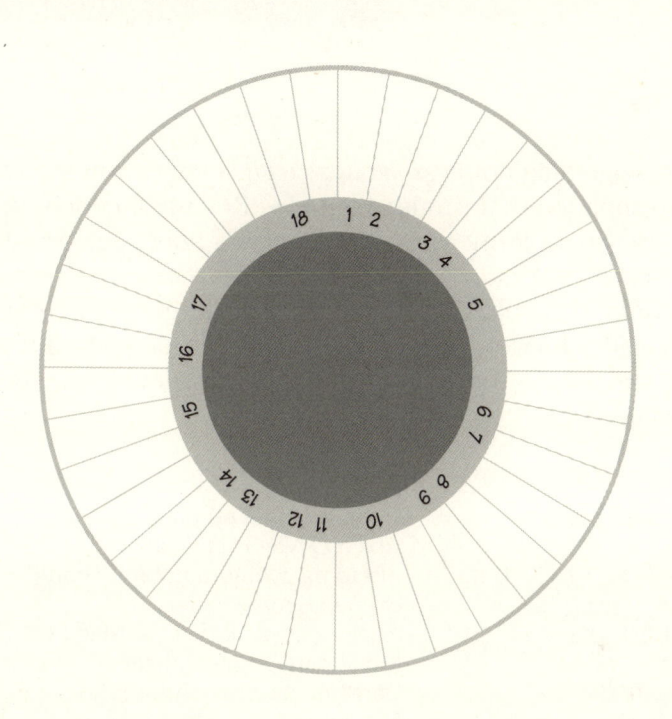

Pistas
1. Fruit preserve (compota de frutas)
2. Fossil resin (resina fóssil)
3. European capital (capital europeia)
4. Actor Borgnine (Borgnine, ator)
5. Cuddle (abraço)
6. Conducted (conduzido; guiado)
7. Rim (borda; moldura)
8. Precious stone (pedra preciosa)
9. Ant (dial.) (formiga - dial.)
10. Paris subway (metrô de Paris)
11. Between walk and run (entre andar e correr)
12. Helicopter part (parte do helicóptero)
13. Pulled apart (separado)
14. Excessively adorned (enfeitado/a em demasia)
15. Ancient Egyptian deity (antiga deusa egípcia)
16. Flag (bandeira; sinalizador)
17. ___ off (went of the air) (saiu do ar)
18. ___ vu

DICA: 9 é EMMET (FORMIGA).

Aguente Firme!

Avançado

Orientações

Este enigma combina anagramas e caça-palavras. Escreva as letras correspondentes aos números (A=1, B=2 etc.), depois, reorganize as letras para formar uma nova palavra adequada à pista. Preencha cada quadrado na grade com o seu número correspondente, encontre e circule cada uma das respostas na grade. Algumas palavras são lidas na diagonal e outras são lidas da direita para a esquerda ou de baixo para cima. A primeira definição está feita para você.

Pistas

A. 1 12 7 12 15 23 19   Capone brilha no palanque
                                  AL GLOWS/GALLOWS
B. 7 18 1 9 12 13 15 20 8   Inseto na aventura nobre encontra expoente matemático
C. 14 5 1 20 13 1 9 4   A caprichosa ajuda contratada era animada
D. 12 5 1 4   Metal para comercializar
E. 20 18 1 9 20   Característica do cantor John
F. 1 23 18 25   Errado por ter cautela
G. 4 21 14 5 19   Saara vê objetos descobertos
H. 20 9 5 7 1 12   Até uma menina pode usar uma bandagem
I. 4 21 1 12   Elogio duplo
J. 18 5 1 12 12 19 20   Barco autêntico da Marinha é esteliforme
K. 19 5 1 18 20 15 5   Otimista depois da pressa
L. 13 15 18 22 9 16   Sir Thomas, o Chefão, ficará melhor
M. 19 5 14 19 9 20 9 22 5   Sensível quando a reunião social foi vista (duas palavras)
N. 20 1 13 5 4 18 15 3   Conquistou o lindo pássaro e formou grupo militar (duas palavras)
O. 18 5 16 21 2 12 9 3 1 14   Político elefântico cercado por toda a comunidade (duas palavras)
P. 9 14 4 5 16   Dia da ___ dência enfraquecido?
Q. 13 5 4   Clube de *resort* se torna um pequeno grupo
R. 3 1 22 15 18 20 5 4   Pule o primeiro, depois, corte Dorothy (duas palavras)
S. 25 5 1   É, de fato!

Resposta na página 220

Allen D. Bragdon e David Gamon

14	5	5	19	20	9	19	9	22	14
19	20	5	12	12	1	18	4	5	13
20	1	5	2	20	18	5	1	8	14
15	5	20	23	21	20	18	20	19	21
4	19	1	4	1	16	9	14	5	4
5	15	7	13	21	18	7	1	1	5
22	18	9	2	1	1	25	5	18	19
18	14	12	7	1	12	12	15	23	19
1	9	15	5	22	15	18	16	13	9
3	12	13	1	14	5	18	15	20	3

GALLOWS

DICA: É é RAITT.

Fala Mansa

Avançado

Orientações

Este enigma combina anagramas e caça-palavras. Escreva as letras correspondentes aos números (A=1, B=2 etc.), depois, reorganize as letras para formar uma nova palavra adequada à pista. Preencha cada quadrado na grade com o seu número correspondente, encontre e circule cada uma das respostas na grade. Algumas palavras são lidas na diagonal e outras são lidas da direita para a esquerda ou de baixo para cima.

Pistas

A. 19 20 1 2 12 5 — O local da manjedoura produz ruídos de fazenda
B. 19 20 1 7 8 15 18 14 — Cervo e corno partilham o fantasma (duas palavras)
C. 20 9 14 1 21 4 9 15 — O som do metal é testado
D. 14 15 20 9 1 14 — Não é John, o escocês, é a tribo
E. 1 14 14 1 13 5 19 19 — A desordem de Magnani leva ao juízo perfeito (duas palavras, latim)
F. 8 5 9 7 8 20 19 — Montanhas e o Everest, falando comparativamente
G. 20 1 18 7 5 20 19 — Objetivos de diretores de filme: procurar o tipo de Julia Roberts (duas palavras)
H. 3 1 18 8 9 14 7 5 — Necessidade da porta de carro para chegar ao fim do jogo de cartas (duas palavras)
I. 1 12 15 14 7 18 5 19 20 — Calma após um prolongado intervalo de silêncio (duas palavras)
J. 5 18 9 3 1 19 20 15 4 — O dígito de Jong é uma questão entendida por poucos
K. 1 12 9 5 14 — Vestido de estilo estrangeiro (hipot.)
L. 6 18 5 5 23 8 5 5 12 19 — Junto ao litoral com menos mal-educados comparativamente (duas palavras)
M. 19 20 1 18 — Ilustre Pedro, o Grande
N. 23 9 14 5 19 — Os vinhos lhe dão força
O. 19 9 14 14 5 18 — Malfeitores dão alguns tiros quase no alvo
P. 1 20 20 21 — Os habitantes da ilha Aleutian ficam tensos
Q. 20 15 18 20 — Ritmo legalmente errado
R. 9 19 8 20 1 — A forma divina demonstra antiguidade

Allen D. Bragdon e David Gamon

6	13	14	1	18	20	19	15	8	7
16	5	19	15	20	5	18	9	3	1
7	14	23	20	9	8	7	14	15	1
5	19	5	5	2	9	9	10	12	21
20	19	14	23	18	7	14	9	19	4
19	1	9	20	8	8	14	7	20	20
20	14	19	3	20	5	5	15	1	9
1	1	1	15	21	19	18	5	5	15
18	5	7	14	1	20	19	15	12	14
18	14	15	9	20	1	14	7	2	19

DICA: J é ESOTÉRICA (ESOTERICA).

Resposta na página 220

Citações

Pág. 138 American Stroke Association (2000)

Págs. 140, 150 Denckla, Martha Bridge, doutora e diretora, Developmental Cognitive Neurology, the Johns Hopkins School of Medicine. De uma apresentação na Science of Cognition Conference, Library of Congress, Washington, D.C., 6 de outubro de 1999.

Págs. 142, 154 Stromsworld, K. et al. (1996). *Localization of syntactic comprehension by Positron Emission Tomography.* Brain and Language 52:452-73; Snowden, D.S. et al. (1996). *Linguistic ability in early life and cognitive function and Alzheimer's disease in late life.* Journal of the American Medical Association 275/7:528-32.

Págs. 144, 146 Eden, Guinevere D. Phil., Georgetown University Medical Center. De uma apresentação na Science of Cognition Conference, Library of Congress, Washington, D.C., 6 de outubro de 1999.

Págs. 148, 152, 164, 166, 168, 172, 177, 179 (2001) The Brainwaves Center, Bass River, MA.

Pág. 156 Goel, Vinod e Dolan, Raymond J., The functional anatomy of humor: segregating cognitive and affective components.

Pág. 158 Bookheimer, S.Y., et al. (2000). *Patterns of Brain Activation in People at Risk for Alzheimer's Disease.* New England Journal of Medicine 8/17. 343: 450-56.

Pág. 160 Schiller, Niels O., et al. (2001). Serial order effects in spelling errors: evidence from two dysgraphic patients. Neurocase 7: 1-14.

Pág. 162 Tainturier, Marie-Josephe, et al. (2001). Superior written over spoken picture naming in a case of frontotemporal dementia. Neurocase 7: 89-96.

Pág. 170 Petersen, Steven E., doutor e professor, Department of Neurology and Neurological Surgery, Washington University School of Medicine. De uma apresentação na Science of Cognition Conference, Library of Congress, Washington, D.C., 6 de outubro de 1999.

Pág. 174 St. George-Hyslop, Peter (2001). University of Toronto. Nature.

Pág. 180 Squire, Larry R., doutor e cientista pesquisador, VA Medical Center, San Diego; professor de Psiquiatria e Neurociência, University of California-San Diego School of Medicine. De uma apresentação na Science of Cognition Conference, Library of Congress, Washington, D.C., 6 de outubro de 1999.

Seção Seis

SOCIAL-EMOCIONAL

A consciência nos humanos é a conscientização das emoções. As emoções são as dicas expostas das respostas às necessidades de sobrevivência subconsciente que o nosso sistema cerebral primitivo coleta – perigo imediato, oportunidades de reproduzir, fontes de alimento. Os humanos tendem a ter ciência de algumas reações automáticas de seus corpos colocadas em movimento pelas respostas inconscientes ao estímulo básico de sobrevivência. O animal humano pode ser único em sua habilidade de ver a si mesmo como um ator no drama primitivo da sobrevivência. Assim, às vezes, ele pode controlar suas reações emocionais com um olhar no futuro benefício. Em seu livro "The Feeling of What Happens" (O sentido do que acontece), Antonio R. Damasio chama essa autoconsciência de "conscientização". O título desenha uma linha na areia. De um lado fica o estudo neurocientífico do sistema nervoso humano, pois ele alerta, sinaliza e responde a todo o corpo. No outro, fica a abordagem filosófica ou religiosa para a conscientização humana, que tende a atribuir algo que só influencia um órgão específico ou efêmero além do domínio biológico.

Quando o cérebro torna-se ciente de quaisquer dados passados, que ele considera como sendo de "qualidade de sobrevivência", libera hormônios e neurotransmissores que causam um aumento no ritmo do coração, dilatação dos olhos, tremores, arrepios e muitas outras alterações físicas, das quais temos ou não consciência. O que a autoconsciência faz ocorre no córtex, principalmente na parte frontal sobre os olhos, uma área que permite aos humanos planejar antecipadamente e cooperar com grupos sociais. O presente da parte frontal do córtex humano é a consciência de como a parte mais primitiva do cérebro está respondendo. Tal conscientização permite aos humanos controlar suas respostas primitivas para o benefício de longo prazo, sem sacrificar a segurança de curto prazo. Não se preocupe, se o perigo for iminentemente uma ameaça à vida, o córtex nunca saberá; os sistemas primitivos do cérebro congelam você ou você começa a correr, sem ao menos ficar ciente de qualquer coisa. O cérebro só precisa de nanossegundos para transmitir um sinal, tal como "tiranossauro rex lá", do sistema límbico primitivo para o córtex e esperar enquanto o córtex verifica a experiência passada para garantir que não se trata apenas de uma formação de nuvens, de modo que você possa ir colher bananas antes de ficar muito escuro. Ainda assim, o sistema límbico reage primeiro e deixa o pensamento para depois, no pressuposto de que se você parar para lembrar o nome de alguma coisa tão grande quanto "Tiranossauro" pode ser tarde demais. Sim, as emoções podem colocar os humanos em problemas – desde respostas ao constante estresse até um mau casamento – mas, a sobrevivência tem sido sempre a escolha.

A função do córtex humano em restringir a expressão das emoções permite às pessoas se dar bem com outras, em primeiro lugar. Elas podem, então, atingir objetivos de longo prazo, que lhes permitem sobreviver. Graças à autoconsciência, os indivíduos podem escolher impor limites em sua vantagem pessoal para a proteção do que eles conseguem do apoio social de longo prazo. Talvez, a culpa seja a desvantagem daquele "presente" da autoconsciência. Por outro lado, os sociopatas que não têm remorso, geralmente, sofreram danos na mesma parte do córtex pré-frontal que controla as emoções, em favor de frutos futuros da cooperação social.

Julgamos ser difícil aconselhar exercícios de lápis e papel para tal questão. A resposta emocional adequada e a eficiente interação social apresentam alvos móveis que o verdadeiro-falso e a múltipla escolha não podem atingir. Portanto, esta Seção oferece exercícios mentais que duas pessoas podem fazer juntas. Ela oferece descobertas científicas sobre as diferenças de sexo no cérebro humano e fornece autotestes, sendo que um dos quais pede a você para comparar a sua ética com a dos graduados em gestão de negócios e criminosos condenados.

Externa

Nível inicial

Orientações

Isto lhe dará mais divertimento se você trabalhar com outra pessoa. Ele apresenta dois desafios interessantes. A primeira parte mostrará uma tendência de como você pensa. A segunda testará a sua capacidade de reconhecer as necessidades sociais e conectar as imagens adequadamente com a necessidade apropriada.

Os símbolos da outra página foram desenhados para os Jogos Olímpicos. O seu primeiro desafio é formar pares de cada símbolo com outro símbolo, da maneira que você julgar mais significativa. Não há uma solução "correta", mas, como você escolhe o par revelará se a sua capacidade dominante é convergente, é uma lógica interna ou divergente, uma flexibilidade criativa externa.

O seu segundo desafio é identificar a mensagem com a qual cada símbolo foi originalmente desenhado para a entrega, como usados no local dos Jogos Olímpicos. Tente dar apenas respostas com uma ou duas palavras. Se você for um entendido em desenho ou um aficionado em esportes olímpicos, veja quão perto você pode chegar ao nomear a nação anfitriã para a qual eles foram desenhados e o ano em que foram usados. Há respostas certas para as duas partes desse segundo desafio.

Você sabia...
Os bebês são ambidestros

Todos os recém-nascidos alcançarão uma recompensa com a mão mais próxima. Mesmo se um bebê agarrar normalmente com a sua mão direita, se você colocar um objeto à esquerda da linha central, ele agarrará com a mão esquerda. Ainda que a mão esquerda dele esteja impedida, ainda assim não pegará com a mão direita, que está mais longe. Esse é um comportamento normal nos bebês. Isso não significa que o seu filho será ambidestro. Somente depois de uma criança começar a andar, um pai pode concluir se a criança é canhota ou destra.

Resposta na página 220

DICA: *Os ícones na linha inferior representam quatro esportes olímpicos diferentes.*

Pares Possíveis

Nível inicial

Orientações

Forme sete pares de 14 itens diferentes. Use cada imagem uma vez e não deixe de fora nenhuma imagem. Coloque-as em pares, de modo que todas as sete imagens sejam as melhores combinações, com base em qualquer semelhança que faça mais sentido para você. Não há uma solução "correta"; na página de resposta são dadas algumas possibilidades.

Por divertimento, experimente isto com um amigo e veja se vocês dois combinam os itens da mesma maneira. Marque dois pontos para cada par que combina com a resposta do seu amigo e zero ponto para cada par que não combina. De 12 a 14 pontos: mentes parecidas. De 8 a 10 pontos: continue falando. De 0 a 6 pontos: planetas diferentes.

Você sabia...
Expressar emoção é uma comunicação universal

Você sabia que os animais e os humanos são parecidos no fato de que eles expressam algumas emoções? Cães, macacos e seres humanos, todos mostram raiva e agressividade da mesma maneira: exatamente os mesmos músculos se movem e o rosto fica parecido em seus principais aspectos. Certamente, você entenderá se um cão mostrar uma cara de raiva para você e um cão saberá se você mostrar um rosto de raiva para ele. Essa demonstração e interpretação universais de raiva é uma forma física de comunicação que evoluiu, contudo ainda existe entre as espécies, pois é importante para a sobrevivência.

Resposta na página 220

DICA: Fique com as suas primeiras impressões. Depois, vire a página de cabeça para baixo e forme pares novamente.

Jogos para Ativar o Cérebro

A Desvantagem de Reduzir

Teste

Em um estudo recente, os internos em três prisões de segurança mínima se viram diante de questões éticas nas perguntas a seguir. As mesmas perguntas foram feitas a estudantes de programas de gestão de negócios em uma dezena de universidades. A seção de respostas compara a maneira como os alunos de MBA e os internos responderam. Como as suas respostas se comparam com a dos dois grupos?

O Sr. Stern é um funcionário fiel, de longa data, em sua empresa. Ele trabalha no departamento de vendas da divisão de equipamentos de teste de computadores, onde o seu trabalho é localizar o equipamento de teste usado que as empresas de alta tecnologia estão dispostas a se desfazer, negociar um preço e passar o equipamento para o departamento de engenharia para recuperação e revenda.

O Sr. Stern costumava ser um dos principais executivos de vendas, mas, ultimamente a sua produtividade tem caído. Nos dois últimos anos, as comissões mensais dele diminuíram mais do que aquelas da maioria dos executivos mais jovens no departamento de vendas, mais baixas até do que alguns funcionários novos de vendas. Parte do problema pode ser que, na sua idade – 62 – o Sr. Stern pode simplesmente não se relacionar muito bem com os jovens engenheiros de computador nas empresas de alta tecnologia com as quais ele lida. O seu território também tem uma grande diversidade étnica e poderia não ser uma má ideia acrescentar membros da minoria ao pessoal do departamento de vendas. (O Sr. Stern é branco.) Embora ele ainda seja um funcionário fiel e diligente, o sentimento na direção superior é que o Sr. Stein não vale mais o seu salário base.

O que você faria se o seu superior pedisse para pressionar o Sr. Stern para pedir aposentadoria precoce de modo a:

Resposta na página 221

i. dar espaço para um funcionário mais jovem
ii. dar espaço para um membro de uma raça em minoria ou
iii. poupar para a firma o custo de todos os benefícios

i.
(A) Apenas faz.
(B) Discorda, mas ainda assim faz.
(C) Transfere ou rebaixa o funcionário, mas não o demite.
(D) Sugere aposentadoria precoce ao funcionário, mas não o pressiona.
(E) Apenas não faz isso – não é certo.
(F) Apenas não faz isso – não é o meu trabalho ou pode haver problemas legais.

ii.
(A) Apenas faz.
(B) Discorda, mas ainda assim faz.
(C) Transfere ou rebaixa o funcionário, mas não o demite.
(D) Sugere aposentadoria precoce ao funcionário, mas não o pressiona.
(E) Apenas não faz isso – não é certo.
(F) Apenas não faz isso – não é o meu trabalho ou pode haver problemas legais.

iii.
(A) Apenas faz.
(B) Discorda, mas ainda assim faz.
(C) Transfere ou rebaixa o funcionário, mas não o demite.
(D) Sugere aposentadoria precoce ao funcionário, mas não o pressiona.
(E) Apenas não faz isso – não é certo.
(F) Apenas não faz isso – não é o meu trabalho ou pode haver problemas legais.

Leitura de Rostos — Teste

A habilidade de perceber as emoções demonstradas pelas expressões faciais é uma necessidade social. A habilidade de ler expressões negativas (raiva ou desgosto) começa a se deteriorar nos estágios posteriores da demência.

Desses quatro conjuntos de olhos, apenas um é um sorriso de alegria sincera e espontânea. Nos outros, um pertence a uma expressão neutra, um é condescendente e outro está com raiva. Qual é qual?

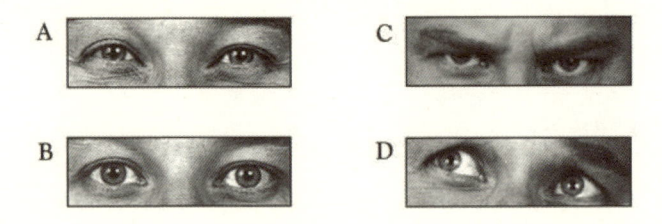

Na página seguinte, os rostos inteiros são revelados, descendo no lado direito da página. Apenas uma configuração dos músculos cria o sorriso Duchenne (um sorriso de alegria sincera e espontânea). A diferença está no uso do músculo orbicular dos olhos (orbicularis oculi) em torno do olho (veja a ilustração à direita), que é o único indicador confiável de alegria sincera. A boca que sorri nos rostos do lado direito da página a seguir muda a maneira como você percebe a verdadeira emoção expressada?

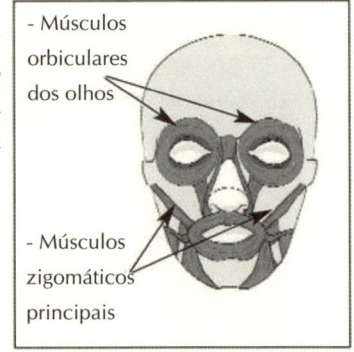

- Músculos orbiculares dos olhos
- Músculos zigomáticos principais

Rosto com sorriso
Duchenne

Rosto com raiva

Rosto neutro

Rosto
condescendente

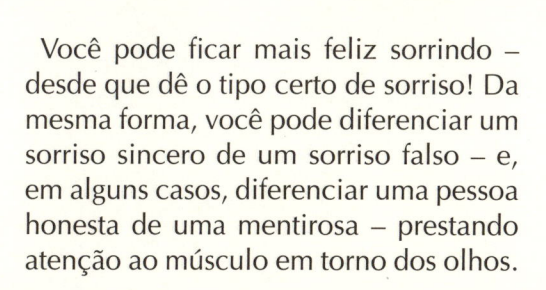

Você pode ficar mais feliz sorrindo – desde que dê o tipo certo de sorriso! Da mesma forma, você pode diferenciar um sorriso sincero de um sorriso falso – e, em alguns casos, diferenciar uma pessoa honesta de uma mentirosa – prestando atenção ao músculo em torno dos olhos.

Pessoas Poderosas

Teste

Orientações

A sua memória percebe quando as emoções estão envolvidas porque o cérebro, que é destinado a mantê-lo vivo, está equipado com sensores de alerta para a entrada de dados que se relacionam com o alimento, o sexo e a raiva. Essa é uma razão pela qual as pessoas normalmente ficam mais interessadas em outras pessoas do que apenas pelos fatos sobre coisas. Igualmente importante é se uma nova parte de dados se relaciona, de alguma maneira, com algo já conhecido, é mais fácil de lembrar.

Na próxima página, há dois grupos de declarações, com uma estando de cabeça para baixo. (Não olhe ainda.) Leia a lista que está virada para cima.

Agora, cubra a página e tente responder a estas perguntas sem olhar.

Quem está de vestido azul?
Quem tem um pequeno bigode?
Quem pintou girassóis?
Quem tentou superar um problema?
Quem venceu um julgamento no Tribunal de Justiça?
O marido de quem morreu?

Vire o livro de cabeça para baixo e leia a outra lista de frases. Cubra a página e tente novamente as mesmas perguntas. Você acertou mais desta vez? Por quê?

Kerry ficou bem em um vestido azul.
Allen tinha um pequeno bigode.
Mac pintou alguns girassóis.
Wally dedicou sua vida a superar uma injustiça social.
David venceu um julgamento importante no Tribunal de Justiça.
O marido da Betty morreu tragicamente.

Você sabia...
Os bebês não conseguem evitar a contrariedade

O seu bebê ou criança pequena não está sendo malcriado de propósito quando diz "não" alto enquanto continua a jogar brinquedos fora do chiqueirinho. Ainda que o bebê possa querer agradar você, o desenvolvimento cognitivo do cérebro não amadureceu o suficiente para inibir as ações que forneceram uma recompensa no passado. É por isso que você verá com frequência um bebê fazer uma escolha ou ação incorreta, mesmo quando ele sabe e pode dizer qual é a escolha certa. Com o tempo, o bebê aprenderá a inibir impulsos e unir conhecimento, escolhas e comportamento.

Monica ficou bem em um vestido azul.
Adolf tinha um pequeno bigode.
Vincent pintou alguns girassóis.
Martin dedicou sua vida a superar uma injustiça social.
George venceu um julgamento importante no Tribunal de Justiça.
O marido de Jacqueline morreu tragicamente.

Pode ser Hipnotizado — Teste

É bem provável que as pessoas que criam falsas lembranças em resposta à má informação tendem a pontuar mais alto nos testes que classificam suas habilidades em produzir um imaginário visual vivo sob demanda, e provavelmente podem ser hipnotizadas com mais facilidade e mostrar uma necessidade maior de aprovação social.

Para este autoteste, você precisará de um auxiliar para exercer a função de "hipnotizador", para ler, lentamente, os seguintes segmentos de texto em voz alta, enquanto você se concentra, com os olhos fechados, no que escuta.

Parte Um – Leia isto em voz alta:

"Para esta parte, por favor, feche os seus olhos e sente-se em uma posição relaxada. Coloque a sua mãe esquerda no colo, com a palma virada para cima".

"Imagine que um anestésico está sendo injetado no seu dedo mindinho da mão esquerda. Você sente uma ligeira picada da agulha na ponta do seu dedo mindinho e depois, o seu dedo começa a formigar, como quando você dorme sobre o braço ou quando alguma parte do seu corpo fica dormente. Você sente o seu mindinho formigar e depois, bem na ponta, sente que ele fica paralisado. Imagine o anestésico subindo no seu dedo, primeiro a ponta fica dormente e depois, o primeiro nó do dedo e em seguida o segundo nó, então, todo o seu dedo mindinho está dormente, até chegar à mão. Agora, todo o dedo mindinho da sua mão esquerda está completamente dormente, como um pesado pedaço de barro".

"Agora, imagine o anestésico indo para o próximo dedo, o anelar, pois ele também começa a parecer dormente. Diga a si mesmo que esse próximo dedo está ficando mais e mais dormente, até que ele se pareça como um pedaço de barro ou um grande pedaço de borracha. Então, os dois dedos estão dormentes, grandes e emborrachados".

"Agora, dobre o polegar e sinta os dois dedos no outro lado da sua mão. Esses dedos estão tão dormentes que não conseguem, de fato, sentir o polegar tocar neles, apenas uma sensação fraca de pressão".

"Diga, então, a si mesmo que você apenas imaginou tudo e que os seus dedos estão completamente normais e não paralisados, e você pode senti-los perfeitamente bem".

Parte Dois

"Para esta parte, deite-se. Mantenha os olhos fechados enquanto escuta as instruções".

"Imagine-se deitado em um lago ao norte da Itália. Há um tapete de grama quente e perfumada sob você. É um lindo dia de verão, com um Sol quente brilhante em um céu azul-esverdeado. Uma brisa suave toca o seu rosto. Imagine o céu azul com algumas pequenas nuvens de algodão flutuando lentamente e sinta o Sol aquecendo o seu rosto e pescoço. À distância, você ouve uma criança pequena rindo".

"Sinta o calor agradável do Sol suavizar seus ombros e peito, enquanto você está deitado na grama macia. A brisa acaricia as costas das suas mãos e então, você percebe quão quente e prazeroso o Sol as toca. Os seus ombros, braços e mãos sentem-se muito relaxados sob o Sol quente e a brisa suave. Pequenos barcos à vela, brilhantemente coloridos, deslizam preguiçosamente no lago azul".

"Diga a si mesmo que você nunca se sentiu tão relaxado, enquanto o calor do Sol flui no seu braço até os seus dedos, peito, estômago e pernas. Deixe-se ficar paralisado. O cheiro da grama aquecida é tão relaxante, tão suave. Permita-se sentir o calor do Sol enquanto cada músculo do seu corpo se derrete em relaxamento total. Até os seus dedos do pé sentem-se aquecidos, calmos e em paz com a grama, a água batendo na beira do lago, o céu azul, o Universo. Permita-se apenas sentir-se calmo, relaxado, tão preguiçoso que você poderia nunca se levantar".

"Agora, abra os olhos e continue a se sentir relaxado, mas consciente e alerta ao mesmo tempo. Você pode se levantar, se quiser".

Você sabia...
Você terá vantagem se ficar do lado esquerdo em um encontro frente a frente

Na próxima vez que o seu chefe chamá-lo no escritório dele para tratar de uma questão de trabalho, tente sentar-se ou ficar de pé do lado esquerdo dele. Ficar do lado esquerdo do campo visual dele força o cérebro do seu chefe a usar primeiro o seu lado direito, antes de passar para o hemisfério esquerdo, onde normalmente é processada a linguagem. Por que isto lhe daria uma ligeira vantagem? Para a maioria das pessoas, o hemisfério do lado direito do cérebro é literal – tem mais probabilidade de agir do que comparar a entrada de dados com uma experiência anterior. Portanto, a primeira impressão do seu chefe, menos provavelmente, será analítica e assim, fará menos julgamento. Lembre-se, em um confronto frente a frente, fique à esquerda da pessoa a quem irá dirigir-se.

PONTUAÇÃO:

1. Na primeira parte, você é solicitado a imaginar que, primeiro o seu dedo mindinho e depois o segundo dedo da sua mão esquerda estavam ficando dormentes, por causa de uma injeção de anestésico. Comparado ao que você teria sentido se o seu dedo tivesse, de fato, sido injetado com um anestésico, o que sentiu foi:

Não exatamente a mesma coisa (0 pontos)
Um pouco parecido (1 ponto)
De alguma forma a mesma coisa (2 pontos)
Muito parecido (3 pontos)
Exatamente a mesma coisa (4 pontos)

2. Na segunda parte, você foi solicitado a imaginar que estava deitado em um tranquilo lago italiano, com um Sol quente e uma brisa suave fazendo-o sentir-se completamente relaxado. Comparado com o que você teria sentido se, de fato, estivesse relaxando em um lado italiano, o que sentiu foi:

Não exatamente a mesma coisa (0 pontos)
Um pouco parecido (1 ponto)
De alguma forma a mesma coisa (2 pontos)
Muito a parecido (3 pontos)
Exatamente a mesma coisa (4 pontos)

Totais: 0-3 pontos: Baixa hipnotização
4-6 pontos: Média hipnotização
7-8 pontos: Alta hipnotização

Outras Diferenças Significativas

Diferenças Anatômicas

O cérebro humano é composto de três componentes principais: matéria cinzenta, onde ocorre o cálculo, consistindo de células nervosas, dendritos e axônios; matéria branca chamada de mielina, que age como isolante para os "fios" que a matéria cinzenta usa para se comunicar entre as regiões; e fluido cerebrospinal. Embora as mulheres tenha um crânio menor do que os homens (1.200 cc versus 1.400 cc), elas têm a mesma quantidade de matéria cinzenta que os homens. Quando o volume craniano aumenta, os homens mostram um aumento proporcional em matéria cinzenta e branca, no entanto, as mulheres mostram um aumento desproporcional: 50% do cérebro de um homem é matéria cinzenta, mas 55% do cérebro de uma mulher serão de matéria cinzenta. Por quê? Porque o crânio menor da mulher se adapta acomodando mais neurônios e por haver menos espaço, é necessária menos matéria branca para proteger os "fios", pois os neurônios têm uma distância menor para percorrer.

Diferenças no Tempo de Resposta

É de conhecimento comum que os homens tendem a ser fisicamente maiores do que as mulheres, mas, os homens também têm a habilidade de executar comandos motores mais depressa e mais adequadamente do que as mulheres. Quando solicitados a tamborilar um dedo durante uma bateria de testes de função motora, descobriu-se que os homens podiam tamborilar os dedos muito mais depressa do que as mulheres. Um facho de luz mediu o toque rápido para garantir que a diferença nada tinha a ver com a força muscular. Além do mais, estudos de tomografia PET mostram que o cerebelo é mais ativo nos homens e visto que essa é a área do cérebro que trata das habilidades motoras, ajuda a explicar por que os homens são superiores nos testes envolvendo função motora.

Diferença no Foco

Os cérebros masculinos e femininos foram estudados por ressonância magnética (FMRI) ao realizar testes especiais e de linguagem. Em ambos os sexos, as imagens revelaram um aumento maior de atividade no hemisfério esquerdo para os problemas verbais, com relação a um aumento maior no hemisfério direito para as tarefas espaciais. As mulheres parecem recorrer a ambos os lados do cérebro para as duas tarefas, ou seja, literalmente, os cérebros delas correm por todos os lugares para lembrar uma resposta. Isso pode ser uma vantagem para algumas tarefas. Na medida em que os testes verbais ficam mais difíceis, mais regiões precisam ser buscadas para encontrar a resposta. Mas, usar ambos os hemisférios coloca as mulheres em desvantagem para as tarefas espaciais. Como uma parte (o hemisfério direito) dos cérebros dos homens é especializada em executar tarefas espaciais, por esse motivo eles são melhores do que as mulheres, que não têm uma área especializada para o processamento espacial.

As Mulheres Lembram mais os Detalhes Visuais

Se você quer os verdadeiros detalhes sobre como é a casa do Jones, é melhor perguntar a uma mulher, pois testes recentes mostram que as mulheres demonstram ter uma memória visual maior do que os homens. Um grupo de homens e mulheres foi solicitado a estudar cuidadosamente uma imagem de um cômodo cheio de móveis por um minuto. Depois, eles receberam uma imagem de um cômodo vazio e viram diversas peças de mobília. Perguntados se as várias peças de mobília estavam no cômodo e em caso afirmativo, onde estavam, as mulheres se lembraram muito melhor do que os homens dos itens e onde eles estavam colocados.

Diferenças ao Controlar os Impulsos Emocionais

Depois dos 40 anos de idade, os homens começam a perder aquela parte do cérebro que diz: "Pare e pense nas consequências!". Além de ser responsável pela abstração, flexibilidade mental e atenção, o lóbulo frontal também exerce a função de inibidor. Ele está intimamente ligado ao sistema límbico, que é a parte emocional do cérebro, mas, a relação entre os dois é recíproca. Enquanto a parte emocional do cérebro pode dizer: "Vamos, faça isso", a parte frontal responderá: "Espere! Pense no resultado!". Os homens jovens têm lóbulos frontais maiores do que as mulheres, proporcionais ao tamanho do corpo, mas, depois dos 40 anos de idade, o lóbulo frontal de um homem começará a diminuir. Entretanto, o lóbulo frontal de uma mulher não diminui com a idade.

Tanto os Homens quanto as Mulheres têm Dois Cérebros Emocionais...

O cérebro emocional ou límbico pode ser dividido em dois subsistemas, localizados bem fundo no centro do cérebro: o sistema límbico e, abaixo dele, o sistema "mais velho" de resposta básica. Esse antigo sistema límbico reage à emoção através da ação e como a evolução não joga nada fora, essa parte ainda existe bem dentro do cérebro humano. A segunda parte do cérebro emocional fica acima dele, no giro cingulado do córtex. O giro cingulado é novo em termos evolucionários e evoluiu junto com as áreas vocais e de linguagem do cérebro. O novo sistema límbico oferece maneiras de modular a emoção, expressando-a através da linguagem, tornando o ser humano a única espécie na Terra que pode tanto verbalizar a emoção quanto atuar nela.

... Mas, o "Velho" Cérebro Límbico é mais Ativo nos Homens

Há uma grande diferença na forma como homens e mulheres lidam com a emoção e isso é especialmente verdadeiro quando ficam com raiva. Leia qualquer jornal e fica claro que, quando se refere a atos de violência e agressão, os homens vencem disparados. A probabilidade de que um assassinato ser cometido por um homem é 40.000:1, e esse fenômeno é visto em todo o mundo. Não se deve apenas à força física – as armas de fogo igualam esse fator, uma vez que não requer muita força puxar um gatilho. Enquanto os homens podem mostrar raiva de uma maneira agressiva e física, as mulheres tendem a verbalizar. Os homens lutam. As mulheres discutem a questão.

As Emoções são Importantes para a Sobrevivência, Tanto em Homens Quanto em Mulheres

Há seis emoções que podem ser detectadas com confiança no rosto humano, em todas as culturas no mundo – e detectar a emoção nos outros é um elemento-chave no jogo da sobrevivência. As seis emoções são: raiva, medo, tristeza, desgosto, surpresa e felicidade. As espécies inferiores, tais como crocodilos e ratos, não sorriem. Portanto, a felicidade ou o senso de humor é reconhecido como uma emoção bem nova na escala evolucionária. A felicidade é a única emoção positiva mostrada no rosto humano; não é vista em nenhum outro. Como o processo evolucionário tem demonstrado que é mais importante para a sobrevivência das espécies mostrar emoções negativas, isso explicará por que os humanos demonstram cinco emoções negativas e apenas uma positiva.

As Mulheres são mais Rápidas e mais Exatas ao Detectar as Emoções

Quando um rosto é moldado por computador em uma forma de jarro, uma mulher pode dizer se ele está feliz ou triste em 30 milissegundos. Ela vai demorar mais 20 milissegundos para decidir se a imagem é um rosto ou um jarro. Por outro lado, os homens demoram mais para ligar uma emoção à imagem. Além do mais, os estudos de tomografia PET mostraram que as mulheres não precisaram ativar seus cérebros em demasia para avaliar a emoção facial certa. E, ainda que um homem demore mais e ative mais o seu cérebro para identificar uma emoção, é menos provável que ele dará a resposta certa.

O Medo é uma Emoção mais Facilmente Detectada pelas Mulheres

Existe uma diferença drástica na maneira como homens e mulheres detectam a expressão facial de medo. E quando os homens sentem, de fato, medo, ao invés de fazer uma expressão temerosa, as mulheres podem detectar o verdadeiro sentido da emoção muito mais facilmente. Os homens tiveram uma dificuldade maior de identificar o medo em outros homens, mesmo quando o homem observado estava realmente sentindo medo. E quando uma mulher está demonstrando medo, o mesmo resultado é ainda maior: os homens demoram muito mais para diferenciar uma mulher tomada verdadeiramente pelo medo do que um medo falso.

Os Homens Podem Dizer mais Facilmente Quando uma Mulher está Feliz do que Quanto ela está Triste

Os testes de diferenciação emocional, feitos em grupos de homens e mulheres, mostraram uma semelhança surpreendente: As mulheres são mais sensíveis às emoções de felicidade e tristeza expressas nos rostos dos homens do que nos das mulheres. Os homens também são mais sensíveis às emoções demonstradas no rosto de um homem. No entanto, os homens acham mais difícil detectar a tristeza nos rostos das mulheres. Embora os homens mais provavelmente detectem a verdadeira tristeza do que uma falsa expressão de tristeza, se você for uma mulher, não poderá aceitar como certo que o seu homem possa sempre dizer se você está triste apenas olhando seu rosto.

Citações

Pág. 190 diamond, Adele (1999). Learning and the Brain Conference, Boston, MA. 7-9 de novembro.

Pág. 192 Gur, Ruben C. (1999). Sex Differences in Learning. De uma apresentação na Learning and the Brain Conference, Boston, MA. 7-9 de novembro.

Págs. 186, 197 Ekman, Paul (1992). Facial expressions of emotion: new findings, new questions. Psychological Science 3/1:34-8.
Ekman, Paul et al. (1988). Smiles when lying. Journal of Personality and Social
Psychology 54/3:414-20.

Pág. 200 Drake, R.A. e Binghamm, B.R. (1985). Induced lateral orientation and persuasibility. Brain Cognition 4:156-64.
Drake, R.A. (1991). Processing persuasive arguments: recall and recognition as a
function of agreement and manipulated activation asymmetry. Brain Cognition 15/1:83-94.

Págs. 202-209 Gur, Rubin C.

Soluções

SEÇÃO UM: EXECUTIVA

```
4 + 8 + 9 = 21
5 + 7 + 9 = 21
6 + 7 + 8 = 21
3 + 9 + 8 + 1 = 21
2 + 7 + 3 + 9 = 21
3 + 4 + 9 + 5 = 21
7 + 5 + 3 + 6 = 21
```

Escolha do jogador
- pág. 14

2	1	+	3	6	=	5	7
	9	x	6	+	3	=	5	7
	8	x	8	-	7	=	5	7
9	x	8	-	1	5	=	5	7
2	9	x	2	-	1	=	5	7
4	4	+	1	8	-	5	=	5	7

O Datilógrafo *!$%% Raivoso
- pág. 16

15	6	9	4
10	3	16	5
8	13	2	11
1	12	7	14

Todos os Trinta e Quatro
- pág. 18

```
 2 4 3     3 8 1     1 5 4
+6 7 5    +5 4 6    +7 8 2
 9 1 8     9 2 7     9 3 6

 3 2 7     2 3 8     2 4 5
+6 1 8    +7 1 6    +7 1 8
 9 4 5     9 5 4     9 6 3

 3 5 4     2 4 6
+6 1 8    +7 3 5
 9 7 2     9 8 1
```

Os Nove Mágicos
- pág. 20

Em cada linha horizontal, o número de três dígitos à esquerda é o quadrado do número de dois dígitos à direita. A raiz quadrada de 324 é 18.

1	9	6	1	4
3	6	1	1	9
2	8	9	1	7
2	5	6	1	6
3	2	4	1	8

O Quadrado que Remexe
– pág. 22

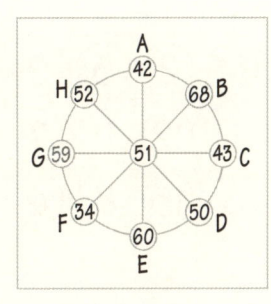

```
        A
       42
   H 52   68 B
G 59    51    43 C
   F 34    50 D
       60
        E
```

Roda da Fortuna
– pág. 24

Outubro e novembro de um ano, no qual o 1º de outubro cai em uma terça-feira.

S	M	T	W	T	F	S
		1			4	
	8	9			11	12
		22			25	
	28	29	30			
	4				8	

Jogo das Aves
– pág. 26

Fileiras de Dominó
– pág. 28

$3/5 + 2/5 = 1$
$6/3 = 2$
$1 + 2 = 3$
$10/2 = 5$
$6/2 + 3/1 = 6$
$5/1 + 4 = 9$
$6 + 4 = 10$
$6/1 + 5 = 11$

```
       1
       E
   2   E   2
 1 E V E 1
   E V A V E
   2 E V E 2
       E
       1
```

Em cada extremidade do losango, apenas um EVA pode ser feito em um total de quatro. Em cada lado, dois Es tocam um V, em um total de oito EVEs.

Adão e Eva?
– pág. 30

A única declaração positiva, de uma possibilidade, foi a de Dick.
Os outros estavam adivinhando.

O Contador Able– pág. 32

	A	B	C
	108	356	124
	196	780	292
	284	648	182

Em cada linha horizontal, os números na coluna C são iguais à metade da diferença entre os números da coluna A e B. Assim, o número que está faltando é a metade de 364 ou 182.

Os Cs do Meio – pág. 34

3	9	4	7	8
8	1	5	2	3
7	8	3	6	5
6	5	7	4	1
4	3	2	5	9

Os Cincos são Fantásticos – pág. 36

SEÇÃO DOIS: MEMÓRIA

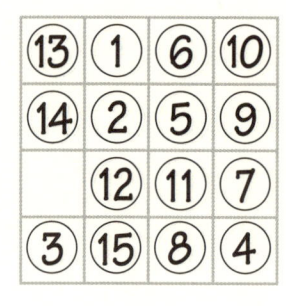

13	1	6	10
14	2	5	9
	12	11	7
3	15	8	4

Troca de Lugares – pág. 38

Astro-Lógico – pág. 40

A Madrugadora – pág. 46

Tema: ESPORTES
1. Severiano Ballesteros
2. Cassius Clay
3. Edson Pelé
4. Denis Potvin
5. Richard Petty
6. Nancy Lopes
7. Walter Payton
8. Mark Spits
9. Bjorn Borg
10. Evonne Goolagong
11. Eddie Arcaro
12. Maurice Richard
13. Jim Brown
14. Ted Williams
15. George Brett
16. Katarina Witt
17. Barry Sanders
18. Boris Spassky

Ótimo, Scott! – pág. 50

Tema: DRAMA
1. Phyllis Diller
2. Doris Day
3. Danny DeVito
4. Robert Redford
5. Al Hirt
6. Mohammad Ali
7. Arthur Ashe
8. Dom DiMaggio, Joe DiMaggio, Vince DiMaggio
9. Milton Berle
10. Agatha Christie
11. Desi Arnaz

Isto é Entretenimento – pág. 52

O Treze da Sorte – pág. 48

Tema: MÚSICA
1. Miles Davis
2. Mary Martin
3. Martha Graham
4. Thelonius Monk
5. Franz Schubert
6. Claude Debussy
7. Johann Strauss
8. Roger Sessions
9. Jasha Heifetz
10. Leonard Bernstein
11. Gioacchino Rossini
12. Enrico Caruso
13. Hoagy Carmichael
14. Aaron Copland

Harmonias Celestiais – pág. 54

Tema – págs. 50-54

Conexão Francesa – pág. 56

Bandeira Americana para Sempre – pág. 58

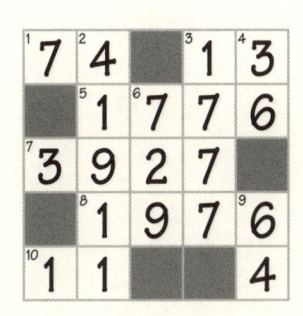

Nascimento de uma Nação – pág. 60

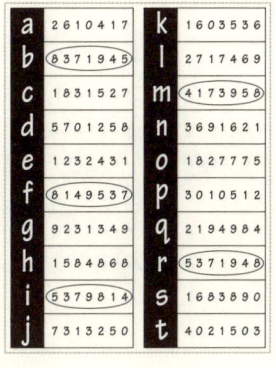

Digi-tais - pág. 62

SEÇÃO TRÊS: CÁLCULO

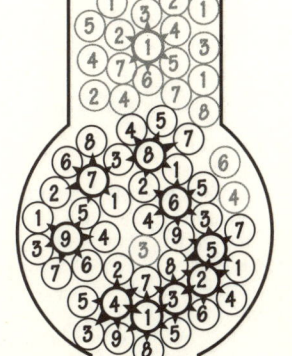

Círculos dentro de Círculos – pág. 64

XXXXXXXXXXXX – pág. 70

Resumindo – pág. 72

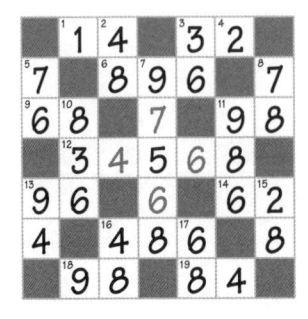

Adendo e Eva? – pág. 74

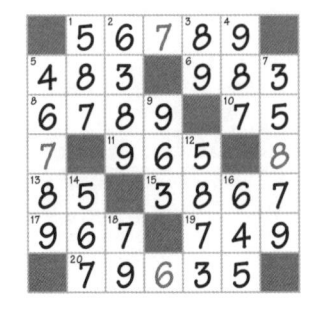

Prazeres que Viciam – pág. 76

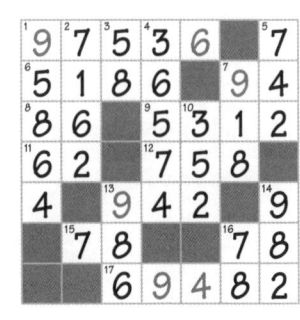

Some e Calcule! – pág. 78

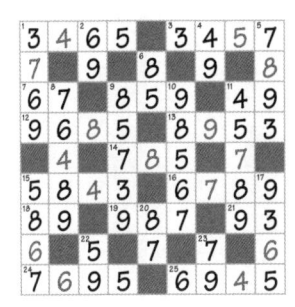

Aviso Ante-cipado – pág. 80

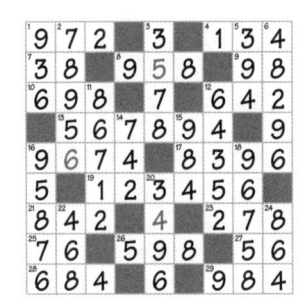

Adições e Pares – pág. 82

Comece solucionando 1 Horizontal, 4 Vertical e 6 Vertical, 1 Vertical e 10 Horizontal. O número primo em 8 Horizontal é 661; os números primos em 9 Horizontal são 5 e 13.

Dança dos Quadrados – pág. 84

1 Horizontal requer o menor número ímpar possível que produzirá um quadrado de dois dígitos: 5. 3 Horizontal é o quadrado de três dígitos de 11. 3 Vertical dá a você o começo de 4 Horizontal, que depois, é fácil de completar. 5 Vertical e 7 Vertical dão a você todas as informações necessárias para completar o enigma.

Horário Nobre – pág. 86

Os pontos de entrada são 5, 7 e 8 Horizontal, depois, 9 e 8 Vertical. O equilíbrio virá naturalmente.

Contraespionagem – pág. 88

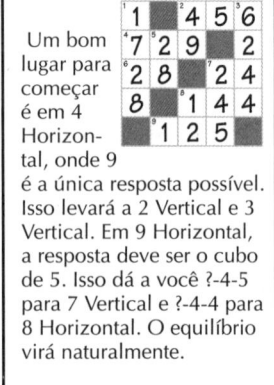

Um bom lugar para começar é em 4 Horizontal, onde 9 é a única resposta possível. Isso levará a 2 Vertical e 3 Vertical. Em 9 Horizontal, a resposta deve ser o cubo de 5. Isso dá a você ?-4-5 para 7 Vertical e ?-4-4 para 8 Horizontal. O equilíbrio virá naturalmente.

Fatores Contribuintes – pág. 90

Allen D. Bragdon e David Gamon

Os números consecutivos não podem ser maiores que 2 ... 6; porém, essa série resultaria em 8s e, portanto, seria incorreta para 6 Vertical. 5 Horizontal refere-se a um produto de Heinz. 8 Horizontal é o quadrado de 4, o qual por sua vez, é o quadrado de 2. 2 Vertical é o quadrado de 16. 6 Vertical é o quadrado de 25.

¹1	²2	³3	⁴4	5
	⁵5	7		1
⁶6	6	6	⁷6	6
2		⁸1	6	
⁹5	4	3	2	1

Causas Fundamentais – pág. 92

Comece com 5 e 8 Horizontal, depois Vertical. Em Vertical, dois primeiros dígitos poderiam ser 3-3 ou 7-3; os últimos três poderiam ser ?-1-8 ou ?-1-6, dependendo de 6 Horizontal. A resposta para 6 Horizontal é 81 (qualquer outra: um segundo dígito grande demais para 2 Vertical, que agora você sabe começar com 7-3). Isso o informa que todos os dígitos consecutivos estão na ordem descendente.

¹9	²7	³5	3	⁴1	ce
	³3	4	3		
⁵8	1		⁶2	5	
	⁸1	²2	1		2 os
¹⁰9	8	7	6	5	

Falando de Modo Figurado – pág. 94

Preencha primeiro os quatro óbvios: 1 Horizontal, 6 Horizontal, os primeiros três dígitos de 8 Horizontal, todos de 2 Vertical e 3 Vertical. Em 7 Horizontal, o maior fator de 56 é 28, a metade é 14, cujo quadrado dá 7 Vertical. Agora, você completou 1 Vertical e sabe que o número primo é 41. Isso permite que você complete 5 Vertical e 10 Horizontal.

¹1	²7	³5	1	
⁴6	7	6		⁵1
⁶8	1		⁷1	4
1	1	⁸1	9	4
		¹⁰1	7	6	4

Surpresas Calculadas – pág. 96

Throckmorton deveria começar a contar em G. Essa é a ordem na qual os meninos deixam o círculo: A 13; B 9; C 5; D 10; E 11; F 1; G 2; H 7; I 3; J 8; K 6; L 4; M 12.

Contagem Regressiva – pág. 98

Usando "n" para o número exigido de gramas, o número de gramas vezes o custo por grama é igual ao preço de venda.
n laranjas x 45 = 45n; 20 toranjas x 60 = 60 x 20; n + 20 misturas x 50 = 50 (n + 20); 1,45n + 60 x 20 = 50 (n + 20); 2,45n + 1200 = 50n + 1000; 3200 = 5n; 4.n = 40; são necessárias 40 gramas de laranja para misturar com 20 gramas de toranjas.

Maçãs e Laranjas – pág. 100

FATURA
Colocação de piso	$127,50
Torno de mesa	17,90
Refletor	24,60
	$170,00

Ops, desculpe, Dick! – pág. 102

A			B		
6	2	6	5	4	5
2	32	2	4	36	4
6	2	6	5	4	5

C			D		
4	6	4	3	8	3
6	40	6	8	44	8
4	6	4	3	8	3

Sacos de Parede a Parede – pág. 104

O pneu de Tom furou às 14:30, depois de dirigir 16 km a 32 km por hora ou por meia hora. Portanto, ele andou os restantes oito quilômetros em uma hora.

Uma Elevação na Estrada – pág. 106

Eles atingiram 47 mph, que é mais próximo de 55 mph do que de 35 mph. Portanto, eles gastaram mais tempo nas rodovias interestaduais. A diferença entre os dois limites de velocidade é de 20 mph. A média deles foi de 12 mph acima do limite de baixa velocidade e 8 mph abaixo do limite de alta velocidade. Usando essa razão, eles dirigiram 4 horas a 35 mph ou 140 milhas, em estradas locais, e 6 horas a 55 mph, ou 330 milhas, em rodovias interestaduais.

Dentro dos Limites – pág. 108

SEÇÃO QUATRO: ESPACIAL

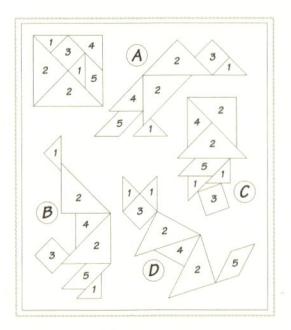

Quebra-cabeça Chinês Bagunçado – pág. 114

O segundo pedaço é tirado diretamente do lado oposto do primeiro pedaço. O pedaço seguinte é tirado de um à esquerda. O próximo pedaço é oposto a ele; em seguida, à esquerda e assim por diante.

Um Pedaço de Bolo – pág. 116

A decoração interna do cômodo e do armário de roupas dos pais é formada por retângulos. O desenho do filho deles é mostrado, então, em uma linha curva, implicando que os valores "não estão de acordo" com o deles.

Como Circular o Quadrado – pág. 118

Aqui existem seis das várias possíveis soluções. Em cada quadrado, o arranjo de cada cor – preto, cinza e branco – representa uma solução.

Quadrados do Tabuleiro – pág. 120

Mistério Assírio – pág. 122

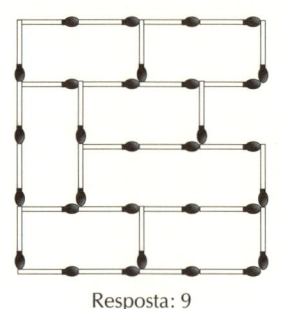

Resposta: 9

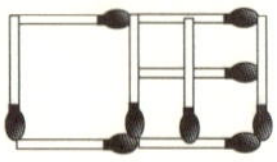

Duas Vezes Queimado - pág. 124

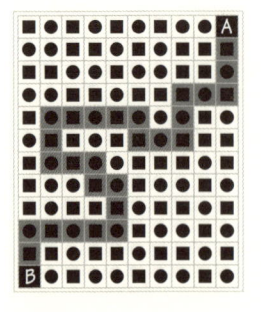

De A a B – pág. 126

Dick sabia o nome da cidade que eles tinham acabado de cruzar, era uma daquelas na placa, e foi capaz de orientar a ambos, o sinal e ele próprio. (Ele também assumiu a direção.)

Sorte Inesperada) – pág. 128

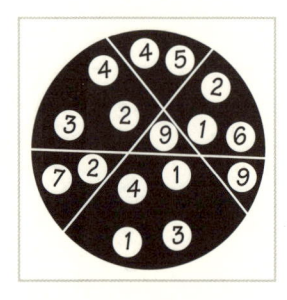

Bolo Crocante – pág. 130

Allen D. Bragdon e David Gamon

SEÇÃO CINCO: LINGUAGEM

Um "L" de uma Questão
– pág. 132

Galinha Conselheira
– pág. 138

Olhar Pensativo – pág. 140

Bom Senso Animal – pág. 142

Certo, Maldito! – pág. 144

Págs. 138-145
Para desenrolar os dizeres, organize as Palavras de Mistério inferiores, como a seguir:
Págs. 138 – 139: 5-2-6-1-4-3; Págs. 140 – 141: 5-4-3-1-8-2-6-7; Págs. 142-143: 5-4-1-6-8-2-3-7; Págs. 144-145: 5-4-8-1-2-6-3-7

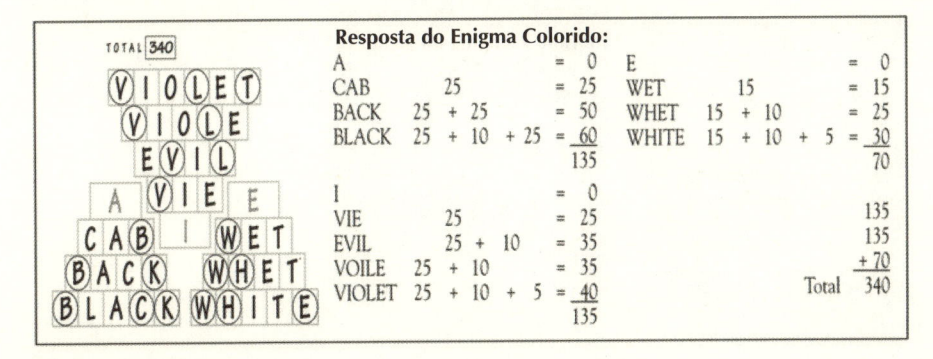

Resposta do Enigma Colorido:

A			=	0	E			=	0
CAB	25		=	25	WET	15		=	15
BACK	25 + 25		=	50	WHET	15 + 10		=	25
BLACK	25 + 10 + 25		=	60	WHITE	15 + 10 + 5	=	30
				135					70

I			=	0	
VIE	25		=	25	135
EVIL	25 + 10		=	35	135
VOILE	25 + 10		=	35	+ 70
VIOLET	25 + 10 + 5	=	40	Total 340
				135	

TOTAL 340

Enigma Colorido – pág. 148

Palavra Vencedora
– pág. 146

Observe as Partes
– pág. 150

Trajeto Bizarro
– pág. 152

Erga uma Ilha
– pág. 154

Concorde que é Ansioso
– pág. 156

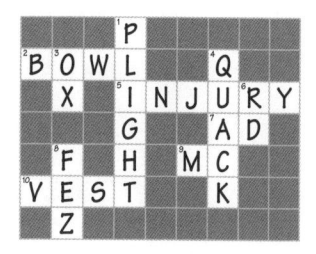

Sopa de Yale
– pág. 158

Senhora Impaciente do Poeta
– pág. 160

Aposta Invertida
– pág. 162

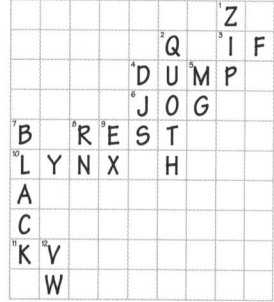

Livre-se daquele Caminhão!
– pág. 164

Allen D. Bragdon e David Gamon

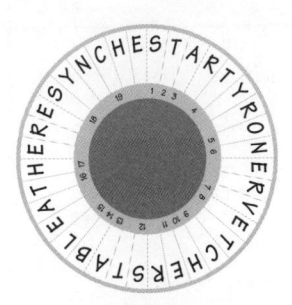

Mirar a Estibordo
– pág. 166

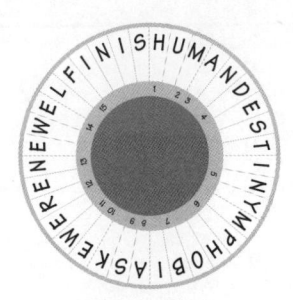

Ora, Trapaceiro!
– pág. 168

Feito sob Medida em
Idioma Falado
– pág. 170

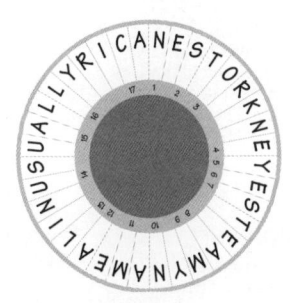

N'est-ce Pas?
– pág. 172

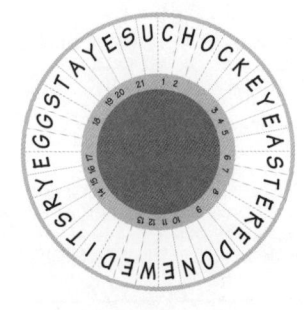

Cheio de Ditados
– pág. 174

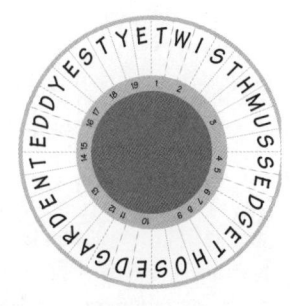

Terminologia Deturpada
– pág. 176

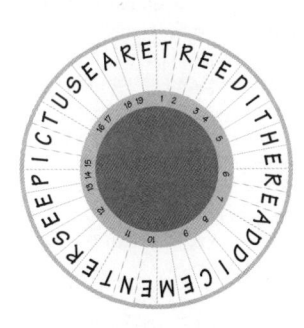

Subir em uma Árvore
– pág. 178

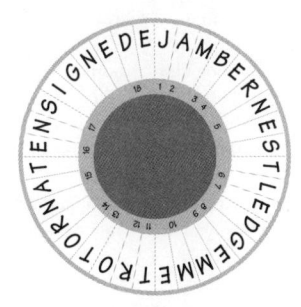

Sessão de Jazz
– pág. 180

```
N E E S T I S I V N
S T E L L A R D E M
T A E B T R E A H N
O E T W U T R T S U
D S A D A P I N E D
E O G M U R G A A E
V R I B A A Y E R S
R N L G A L L O W S
A I O E V O R P M I
C L M A D E R O T C
```

A. AL GLOWS/GALLOWS
B. GRAIL MOTH/LOGARITHM
C. NEW MAID/ANIMATED
D. DEAL/LEAD
E. TRAIT/RAITT
F. AWRY/WARY
G. DUNES/NUDES
H. TIE GAL/LIGATE
I. DUAL/LAUD
J. REAL LST/STELLAR
K. SEAR TOE/ROSEATE
L. MORE VIP/IMPROVE
M. SENSITIVE/VISIT SEEN
N. TAMED ROC/MADE ROTC
O. REPUBLICAN/NEAR PUBLIC
P. INDEP/PINED
Q. MED/DEM
R. CAVORTED/CARVE DOT
S. YEA/AYE

Aguente Firme! – pág. 182

```
F M N A R T S O H G
P E S O T E R I C A
G N W T I H G N O A
E S E E B I I J L U
T S N W R G N I S D
S A I T H H N G T T
T N S C T E E O A I
A A A O U S R E E O
R E G N A T S O L N
R N O I T A N G B S
```

A. STABLE/BLEATS
B. STAG HORN/GHOST RAN
C. TIN AUDIO/AUDITION
D. NOT IAN/NATION
E. ANNA MESS/MENS SANA
F. HEIGHTS/HIGHEST
G. TARGETS/GET STAR
H. CAR HINGE/REACH GIN
I. LONG REST/LOST ANGER
J. ERICA'S TOE/ESOTERICA
K. ALIEN/A-LINE
L. FREEWHEELS/FEWER HEELS
M. STAR/TSAR
N. WINES/SINEW
O. SINNER/INNERS
P. ATTU/TAUT
Q. TORT/TROT
R. ISHTA/SAITH

Fala Mansa – pág. 184

SEÇÃO SEIS: SOCIAL/EMOCIONAL

Jogos Olímpicos, México, 1968
Linha 1: Telefone, Endereço, Moeda, Primeiros Socorros
Linha 2: Banheiro Masculino; Banheiro Feminino; Informações; Ônibus
Linha 3: Restaurante; Cafeteria; Lojas; Não Fumar
Linha 4: Área de Fumantes; Armário com chave; Chuveiro; Imprensa
Linha 5: Pista e campo; Futebol; Natação; Ginástica

Externa – pág. 190

Combinações do lado esquerdo do cérebro:

nuvem de chuva – tornado
guarda-sol – sol
bichos – caracol
superior – crianças barulhentas
iglu – casa
chapéu-coco – semente/fava
mulher chorando – homem feliz

Combinações do lado direito do cérebro:

nuvem de chuva – mulher chorando
guarda-sol – semente/fava
superior – tornado
iglu – chapéu-coco
sol – homem feliz
bichos – crianças barulhentas
caracol – casa

Pares Possíveis – pág. 192

As respostas estão expressas como uma resposta em porcentagem por estudantes de MBA e internos, respectivamente. Onde os números, somados, não chegam a 100, foram escolhidas outras opções, tais como "não sei". (Estudantes de MBA – Internos)

MBA Students	Inmates	MBA Students	Inmates	MBA Students	Inmates
i. (A) 22.5	(A) 46.3	ii. (A) 19.1	(A) 23.2	iii. (A) 14.9	(A) 13.6
(B) 3.0	(B) 9.1	(B) 2.8	(B) 11.7	(B) 3.4	(B) 4.5
(C) 18.6	(C) 10.6	(C) 17.5	(C) 11.1	(C) 17.0	(C) 9.1
(D) 26.4	(D) 20.3	(D) 25	(D) 31.1	(D) 20.5	(D) 31.8
(E) 15.4	(E) 4.5	(E) 19.8	(E) 13.6	(E) 25.5	(E) 25.2
(F) 7.6	(F) 4.5	(F) 8.7	(F) 4.6	(F) 9.2	(F) 11.1

A Desvantagem de Reduzir – pág. 194

Dicas de Desempenho

SEÇÃO UM: EXECUTIVA
A "Executiva" está entre as funções que
  evoluíram mais recentemente **14**
Ter que lidar com dados desconhecidos
  mantém o cérebro jovem **16**
Como manter o cérebro ativo na
  aposentadoria **18**
As diferenças nas habilidades podem
  ser observadas na infância **20**
As crianças pequenas gostam de agir **22**
Os testes de habilidade mostram as
  diferenças de sexo **24**
Homens e mulheres são mentalmente
  flexíveis **27**
O cérebro masculino envelhece mais
  depressa **28**
O aprendizado é retardado quando o
  cérebro não pode dizer "não" **30**
Os hormônios do estresse podem
  ajudar ou prejudicar **33**
Uma resposta rápida ao derrame
  pode salvar sua vida **34**
Pensar aumenta o fluxo sanguíneo
  no cérebro **36**
O conhecimento do mundo aumenta
  com a idade **38**
Os homens "lutam ou fogem";
  as mulheres "cuidam e fazem
  amizade" **40**

SEÇÃO DOIS: MEMÓRIA
A memória é a mãe de todas
  as funções **46**
Cérebros jovens e velhos declinam
  na mesma proporção **48**
Os cérebros velhos usam mais
  cérebro **51**
Os bebês esquecem quando
  distraídos **52**
Mais cérebro, mais memória obtida **55**
O estresse prolongado prejudica o
  hipo (e a memória) **57**
O treinamento musical melhora
  a memória **59**
As mulheres são melhores na memória
  verbal **61**
Deitar cedo torna você mais sábio **62**

O som da linguagem é importante
  para a compreensão **64**

SEÇÃO TRÊS: CÁLCULO
Use a matemática, não a perca **70**
Cálculo e quantidade são dois
  conceitos diferentes **72**
Quais partes do cérebro são acionadas
  ao lidar com a Matemática
  em sua cabeça? **74**
O dano no lado esquerdo do cérebro
  pode interferir no cálculo **76**
Os recém-nascidos só percebem a
  diferença em quantidade
  até 3 ou 4 **78**
Uma misteriosa afinidade com os 7s **81**
As palavras japonesas para os números
  os ajudam a aprender
  Matemática cedo **82**
"Separar em pedaços" ajuda a
  lembrar os números **84**
A privação de sono leva a um
  cálculo ruim **87**
O gênio especial de Einstein era
  o lado direito do cérebro **89**
Os canhotos se sobressaem
  em cálculo **91**
Os sábios podem sofrer de déficit
  no lado direito do cérebro **93**
A diminuição da testosterona leva a
  uma perda de habilidade em
  Matemática **95**
As habilidades com números e linguagem
  são interdependentes **97**
Os especialistas em cálculos usam o
  cérebro de modo diferente **99**
Olhar fixamente para a direita estimula
  as habilidades
  matemáticas **101**
Os fatores sociais influenciam
  nas desordens mentais **103**
O corpo e o cérebro diferenciam
  o estresse **105**
A memória melhora com a visualização
  107
Meninos e meninas são diferentes
  na maneira como aprendem **109**

SEÇÃO QUATRO: ESPACIAL

Menos é mais na declaração visual 114
As habilidades espaciais superiores
   do macho podem ser
   evolucionárias 116
Os hormônios sexuais afetam
   o cérebro 118
Os homens são melhores nas habilidades
   espaciais 120
Os transexuais têm uma alteração
   cerebral 122
Os homens gostam de viajar 124
A testosterona afeta a habilidade
   espacial 126
Explorar novos caminhos faz o
   cérebro crescer 129
O cérebro gosta da ligação visual
   e da descoberta de tarefas 130
As caricaturas subtraem e amplificam 132

SEÇÃO CINCO: LINGUAGEM

Os derrames no lado esquerdo do
   cérebro geralmente danificam
   os centros de linguagem 138
As deficiências de aprendizado, em geral,
   podem ser superadas 140
As frases complexas podem
   confundir 142
Boas habilidades de leitura são muito
   adquiridas e exigidas 144
A dislexia pode ser um problema
   fonológico 146
O lado esquerdo do cérebro gosta de
   símbolos familiares 148
As deficiências de aprendizado são
   determinadas pela sociedade 150
O teste de escrita revela o pensamento
   dos canhotos 152
"Como for" atrapalha os
   adolescentes 154
Muito parecido com chocolate
   e drogas 156
O APOE-4 pode prever o Alzheimer 158
Falar errado pode ser um problema da
   memória operacional 160
Os "sons" das palavras não são necessários
   para escrever? 162
Geralmente, o lado esquerdo do
   cérebro aprende a linguagem 164
Como observar onde estão
   as palavras 166
Muito provavelmente, o cérebro feminino
   usa ambos os lados para a
   linguagem 168

Dois códigos são melhores que um 170
Palavras falsas prejudicam os fatos 172
Vacina pode manter a esperança
   quanto ao Alzheimer 174
Símbolos estranhos processados
   no lado direito do cérebro 177
Os canhotos podem recuperar mais
   rapidamente a linguagem 179
A memória declarativa refere-se
   aos fatos 180

SEÇÃO SEIS: SOCIAL-EMOCIONAL

Os bebês são ambidestros 190
Expressar emoção é uma comunicação
   universal 192
Os bebês não conseguem evitar a
   contrariedade 199
Você terá vantagem se ficar do lado
   esquerdo em um encontro frente
   a frente 202
Diferenças anatômicas 204
Diferenças no tempo de resposta 205
Diferença no foco 205
As mulheres lembram mais os detalhes
   visuais 206
Diferenças ao controlar os impulsos
   emocionais 206
Tanto os homens quanto as mulheres
   têm dois cérebros emocionais... 207
... Mas, o "velho" cérebro límbico
   é mais ativo nos homens 207
As emoções são importantes para a
   sobrevivência, tanto em
   homens quanto em mulheres 208
As mulheres são mais rápidas e mais
   exatas ao detectar as emoções 208
O medo é uma emoção mais facilmente
   detectada pelas mulheres 209
Os homens podem dizer mais
   facilmente quando uma mulher
   está feliz do que quando ela
   está triste 210

QUALITYMARK EDITORA

Entre em sintonia com o mundo

QUALITYPHONE:

0800-0263311

Ligação gratuita

Qualitymark Editora
Rua Teixeira Júnior, 441 – São Cristóvão
20921-405 – Rio de Janeiro – RJ
Tels.: (21) 3094-8400/3295-9800
Fax: (21) 3295-9824
www.qualitymark.com.br
e-mail: quality@qualitymark.com.br

Dados Técnicos:	
• Formato:	16 x 23 cm
• Mancha:	12 x 19 cm
• Fonte:	Optima
• Corpo:	11
• Entrelinha:	13
• Total de Páginas:	224
• Lançamento:	2012